殷 强◎著

生计链与农户贫困

理论分析框架的构建与应用

中国财经出版传媒集团

经济科学出版社

Economic Science Press

图书在版编目（CIP）数据

生计链与农户贫困：理论分析框架的构建及应用/
殷强著. -- 北京：经济科学出版社，2022.9
ISBN 978 - 7 - 5218 - 3994 - 4

Ⅰ.①生… Ⅱ.①殷… Ⅲ.①扶贫 - 研究 - 吉首
Ⅳ.①F127.644

中国版本图书馆 CIP 数据核字（2022）第 166519 号

责任编辑：崔新艳　梁含依
责任校对：齐　杰
责任印制：范　艳

生计链与农户贫困：理论分析框架的构建及应用
殷　强　著
经济科学出版社出版、发行　新华书店经销
社址：北京市海淀区阜成路甲 28 号　邮编：100142
经管中心电话：010 - 88191335　发行部电话：010 - 88191522
网址：www. esp. com. cn
电子邮箱：expcxy@ 126. com
天猫网店：经济科学出版社旗舰店
网址：http: //jjkxcbs. tmall. com
北京季蜂印刷有限公司印装
710×1000　16 开　10 印张　180000 字
2022 年 9 月第 1 版　2022 年 9 月第 1 次印刷
ISBN 978 - 7 - 5218 - 3994 - 4　定价：55.00 元
（图书出现印装问题，本社负责调换。电话：010 - 88191510）
（版权所有　侵权必究　打击盗版　举报热线：010 - 88191661
QQ：2242791300　营销中心电话：010 - 88191537
电子邮箱：dbts@ esp. com. cn）

本书受吉首大学工商管理国家一流本科专业建设点、吉首大学经济学国家一流本科专业建设点、吉首大学应用经济学学科资助。

本书为湖南省哲学社会科学基金项目"新型城镇化试点政策对城市碳排放效率的影响机制研究"研究成果；湖南省教育科学"十三五"规划 2020 年度课题（编号：XJK20QMJ001）研究成果；湖南省教育厅重点项目"易地扶贫搬迁集中安置户生计空间重构及适应机制研究"研究成果；湖南省哲学社会科学基金项目"日本生活保护制度缓解相对贫困的效率、影响因素及其对湖南的启示"研究成果；湖南省教育厅青年项目（编号：19B454）研究成果；2019 年吉首大学学成返校博士科研项目"武陵山片区易地扶贫搬迁集中安置户生计适应性研究"研究成果；湖南省武陵山片区区域发展研究中心一般项目（编号：17JDZB058）研究成果；湖南西部经济研究基地一般项目（编号：18JDZB024）研究成果；湖南省自然与文化遗产研究基地一般项目（编号：18JDZB061）研究成果；吉首大学校级科研项目（编号：16SKA022）研究成果；生态旅游湖南省重点实验室平台一般项目（编号：13jdzb089）研究成果；湖南省自然与文化遗产研究基地一般项目（编号：14jdzb052）研究成果；湖南省教育厅重点项目（编号：19A405）研究成果。

前　　言

　　贫困问题是一个全球性、长期性、现实性和综合性的世界难题。本书利用文化整合理论，借鉴可持续生计分析框架以及"链"概念的特点，提出生计链分析框架，并从农户生计链的视角探讨贫困的形成机理。同时，选择湖南省吉首市 L 村为个案，运用生计链分析框架解读和分析 L 村生计链贫困的精准扶贫化解路径，以期为扶贫成果的巩固以及共同富裕的实现提供有益的借鉴和参考。

　　本书旨在实现两个目标：一是在对贫困认识以及贫困化解路径既有研究进行回顾的基础上，从精准扶贫面临的现实问题入手，从文化整合的角度对既有研究进行选择，提出综合性的生计链分析框架，同时以生计链分析框架为观察和分析的视角，探析贫困陷阱的形成机理；二是深入考察湖南省吉首市 L 村生计链的历史和现状、生计链贫困的成因以及精准扶贫与生计链化解路径，以期理解并解释现阶段贫困和贫困化解路径。本书需要证明的核心假设是现阶段的贫困问题与生计环境、生计资本、生计策略和生计产出之间存在密切关系，贫困的化解应该从生计环境、生计资本、生计策略和生计产出四个方面进行综合干预。

　　本书共六章，除导论和结尾部分外，主体部分共四章，分两个部分展开论述。第一部分是理论研究，即第二章内容，主要提出生计链分析框架，并运用生计链分析框架阐释贫困的形成机理。第二部分是经验研究，包括第三章、第四章和第五章，旨在运用生计链分析框架对田野点 L 村的贫困问题以及贫困化解路径进行分析和解释。

　　各章节的主要内容如下。第一章是绪论，主要对贫困认识与贫困化解路径的相关研究进行梳理和回顾，同时提出本书的研究议题，界定相关概念，并介绍田野点概况、选点的理由及研究方法，最后对其他问题进行说明。第二章是生计链分析框架的提出：首先介绍生计链分析框架的基本要素，再细分生计链分析框架的环节及贫困类型，最后介绍生计链分析框架各要素的测度。第三章是 L 村生计链的历史与现状，分别从生计环境、生计资本、生计策略、生计产出四个方面剖析 L 村生计链的历史与现状。第四章是 L 村生计链贫困的成因，分别从生计环境、生计资本、生计策略和生计产出四个方面探析 L 村生计链贫困的成因。本章从主位和客位对成因展开分析，主位分析即立足农户的立场，客位分析主要根据田野调查的实际情况，结合农户的立场，运用基于生计链的贫困形成机理进行分析。第五章是 L 村精准扶贫与生计链贫困的化解，主要是结合 L 村精准扶贫工作的实际，运用生计链分析框架，从生计环境、生计资本、生计策略和生计产出四个维度解读与分析精准扶贫中 L 村农户生计链贫困的化解情况。第六章是生计链脱困的总结、讨论与反思，主要包括对生计链相关理论、实践及研究发现进行概括和总结，并对本书所涉及的方法论进行检讨和反思。

　　本书结论主要包括五个方面：一是生计链是贫困的本土化理论范式；二是 L 村的贫困问题应围绕农户的生计链进行综合干预；三是精准扶贫需将显性贫困的化解与隐性贫困的预防并重；四是精准扶贫化解生计链贫困要尊重农户意愿；五是稳定脱贫需要建立生计链脱贫长效机制。

目　　录

第一章

绪　论

贫困问题是困扰人类的世界性难题，党和政府高度重视扶贫工作。自新中国成立以来，为改变国家的贫困现状，我国通过政府主导、体制改革来推动扶贫，扶贫模式经历了从"救济式扶贫"到"开发式扶贫"的转变，扶贫战略经历了由"区域瞄准"到"贫困户瞄准"的转变，先后推出了《国家八七扶贫攻坚计划（1994—2000 年）》《中国农村扶贫开发纲要（2001—2010 年）》《中国农村扶贫开发纲要（2011—2020 年）》等重要政策文件。2013 年，习近平主席又提出了"精准扶贫"方略，政府围绕这一理念，制定了精准扶贫"四项机制"，提出了"六个精准"的扶贫要求，实施了"五个一批"的扶贫手段，为新时期精准扶贫理念下贫困人口实现持续脱贫做出了系统的安排。

中央通过一系列文件对扶贫工作提出了具体的目标和要求，例如，2015 年 10 月 29 日中共十八届五中全会中明确提出，到 2020 年，我国现行标准下农村贫困人口实现脱贫，贫困县全部摘帽，解决区域性整体贫困。要实现这一目标，确保现行贫困标准下 7000 多万贫困人口全部脱贫，平均每年要减贫 1200 万人，每月要减贫 100 万人，减贫任务十分艰巨。又如，2017 年 10 月 18 日，习近平主席在中国共产党第十九次全国代表大会上再次强调，确保到 2020 年我国现行标准下农村贫困人口实现脱贫，贫困县全部摘帽，解决区域性整体贫困，做到脱真贫、真脱贫，进一步明确了脱贫的目标及要求。另外，2018 年 1 月 18 日国家发展改革委、国家林业局等 6 部门联合发布《生态扶贫工作方案》，提出要推动贫困地区扶贫开发与生态保护相协调、脱贫致富与可持续发展相促进，使贫困人口从生态保护与修复中得到更多实惠，实现脱贫攻坚与生态文明建设"双赢"，强调脱贫攻坚要与生态文明建设相结合。

通过党和政府这一系列举措，贫困群体的生活状况得到了极大改善，中国的扶贫取得了举世瞩目的成绩。但随着扶贫开发的不断深入，一方面要改变

"大水漫灌"，实现"精准滴灌"，不落下任何一个贫困户；另一方面要解决扶贫工作中出现的诸多新问题，降低脆弱性，增强抗逆力，形成可持续生计，实现稳定脱贫。扶贫工作难度增大，扶贫形势依旧严峻。在这样严峻的扶贫形势和艰巨的减贫任务下，要实现"精准扶贫""稳定脱贫"，还有很多现实问题需要学术界给予解读和解释，主要表现为两个方面的问题：一是如何认识现阶段贫困的问题；二是现阶段贫困化解路径的问题。本书在文化整合理论的基础上，就上述两个方面的问题提出新的理论分析框架，以湖南省吉首市 L 村为个案，探讨现阶段贫困的形成机理以及化解路径。

第一节　文献回顾

为了深入了解本书的背景，我们主要从两个方面进行文献回顾，一方面是对贫困认识问题的研究，另一方面是对贫困化解路径的研究。

一、对贫困认识的研究

在回顾贫困认识问题的既有研究中，主要围绕贫困概念及成因、贫困形成机理以及生计的概念及影响因素展开。

（一）对贫困概念及成因的研究

经济学家萨缪尔森（Samuelson）曾指出："贫困是一个非常难以捉摸的概念，不同的人对贫困一词持有不同的理解。"[①] 学术界围绕贫困的概念展开各种各样的讨论。人们对贫困的理解不是一成变的，随着人类社会的进步，贫困的含义也在不断深化。本书认为贫困概念及成因的演变主要经历了以下四个阶段。

第一阶段：从经济和物质层面定义贫困。国外的研究包括认为贫困是一定物质与服务的缺乏[②]、生活必需品的缺乏[③]、相对收入较少或由此引发的生活必需品不足[④]。另外，罗伯特·麦克纳马拉（Robert S. McNamara，1975）认为

---

① 姚云云，郑克岭. 包容性增长：我国农村反贫困的新范式 [J]. 西安财经学院学报，2012，25（3）：71 – 76.

② 张岩松. 发展与中国农村反贫困 [M]. 北京：中国财政经济出版社，2004：26.

③ 屈锡华，左齐. 贫困与反贫困——定义、度量与目标 [J]. 社会学研究，1997：3.

④ 曹立. 新理念引领新发展"十三五"中国经济大趋势 [M]. 北京：新华出版社，2016：179.

绝对贫困是指受害者天生所拥有的基因潜力得不到充分发挥而处于生存边缘状况的一种状态。戴维·波普诺（David Popenoe，1971）认为贫困的特征是：不能满足基本生活需要；对于那些体验过贫困的人来说，它纯粹是个人感受，是一种腹中空空的感觉，一种从自己的孩子眼中看到饥饿的感觉。陈玫君（1989）认为自然和社会条件的限制造成了民族地区经济的落后。国家统计局的文献（1990）指出，贫困一般是指物质生活困难。白人朴（1990）认为贫困就是物质资料的匮乏。周彬彬（1991）认为贫困是指生活状况的落后。唐平（1994）认为贫困就是物质生活困难。汪三贵（1994）认为贫困包含两重意思：一是物质条件的缺乏；二是生活水平的低下。玉田（1999）认为贫困是基本生存需求得不到保障的状态。赵俊臣（2000）认为生态恶化是导致贫困的重要原因之一。吴理财（2001）认为贫穷是指生活必需品的缺乏。国家统计局农调总队的研究（2009）认为贫困是个人或者家庭依靠劳动所得和其他合法收入不能维持其基本的生存需求。

第二阶段：将社会、文化、精神层面的内容纳入贫困的定义中。国外学者阿瑟·塞西尔·庇古（Arthur Cecil Pigou，1920）认为社会分配不公是贫困的根源。彼特·汤森（Peter Townsend，1979）认为贫困是某些资源获取能力的缺乏，其中包括食物、社会活动和最基本的生活和社交条件。安塞尔·夏普等（Ansel M. Sharp et al.，1992）认为判断一个国家是不是穷国，需要考察劳动力的素质、资本和资源的储备、技术状况、使用资源的效益四个方面。凯里·奥本海默（Carey Oppenheim，1993）认为贫困涉及物质匮乏、社会资源匮乏、情感匮乏以及基本开支低下等方面。马尔科姆·吉利斯（Malcolm Gillies）对贫困的定义则强调精神贫困[①]。中谷岩（2010）认为资本主义社会制度造就的"人心的荒芜"导致了贫困。

国内学者江亮演（1990）认为贫困与生活资源的获得、社会环境的适应程度有关。中国农村贫困标准课题组的研究（1990）认为贫困是无法达到生活水平最低标准的状况。董辅礽（1996）认为贫困是从生理需求无法满足发展到精神需求无法满足，最后发展到社会需求无法满足的过程。黄贵荣等（2000）指出贫困是指低收入引发的生活必需品、社会服务以及社会发展机会的严重缺失。叶普万（2005）认为贫困具备的基本特征包括具有动态性和历史性、具有复合性和多元性、具有公众认可的客观社会性，核心是能力缺乏

① 曾福生，曾志红，范永忠. 克贫攻坚：中国农村扶贫资金效率研究［M］. 北京：中央编译出版社，2015：8.

性。熊滨（2006）则进一步从我国户籍制度、劳动社会保障制度和土地制度三个方面分析了我国农村贫困的制度原因。张伟（2006）从制度经济学的角度发现中国农民贫困问题的现状源于产权制度的缺失、结构制度的差异、保障制度的偏颇、财政制度的歧视、法律制度的失灵、传统文化制度的禁锢。赵乐东（2006）认为户籍制度和土地制度造成农村贫困和失业。陈小伍等（2007）认为有效的制度供给不足是农村贫困的主要原因。

第三阶段：将能力、权利缺乏以及社会排斥的内容纳入贫困的定义中。阿马蒂亚·森（Amartya Sen，1981）将能力贫困引入贫困的概念之中。阿马蒂亚·森（1993）强调，应该引入关于能力的参数来测度人们的生活质量，而不仅仅以个人收入或资源的占有量来测度。世界银行的研究（1980）从能力、权利缺乏等角度对贫困做出过相关界定。世界银行1990年的研究更是直接将贫困定义为因缺乏足够的资源，不能享受饮食、生活条件、舒适和参加某些活动的状态。罗伯特·坎勃（Robert Chamber，1995）认为贫困是包括物质贫困、能力贫困、脆弱性以及权力贫困的综合概念。迪帕·纳拉扬（Deepa Narayan，2001）认为在穷人眼里，贫困除了指物质缺乏外，其核心要义是缺乏发言权和其他权力。乌德亚·瓦尔格（Udaya Wagle，2003）认为贫困首先是收入和消费不足，其次是缺乏基本的权利和能力，最后是被排斥在经济、政治、文化等基本活动之外。国内学者童星等（1993）和林闽钢（1994）认为经济、社会、文化落后的状况总称为贫困。康晓光（1995）认为贫困是经济文化落后的总称。屈锡华等（1997）也指出贫困是一种生存危机、生活困境和社会状态。洪朝辉（2002）指出权利的不足导致了贫困。李世平等（2006）认为由于农民权利的缺乏，失地成为农民贫困的一个重要原因。左常升等（2013）认为缅甸贫困的原因是社会不稳定以及西方国家的经济制裁。

第四阶段：从多要素、多方面、多领域综合定义贫困。联合国开发计划署（1997）提出了人类贫困指数的概念。世界银行（2001）认为贫困综合表现为收入与消费低、受教育的机会少、营养不良、健康状况差及无发言权、脆弱与恐惧等。霍华德·怀特（Howard White，2002）认为贫困是一个多维的概念，包括物质、健康、社会生活、环境品质、政治地位、精神和文化性的不同维度。亚太经合组织（2003）在第59次会议上提出贫困是一个包含多种内容的概念。国际慢性贫困研究中心（CPRC，2005）提出了慢性贫困的概念，将贫困的跨代传递性、贫困的动态性、贫困的极端性和贫困的群体意志性等新的术语和范畴引入贫困概念，进一步拓宽了贫困研究的视野。保罗·科利尔（Paul Collier，2008）提出内战、自然资源的诅咒、内陆国家、糟糕的政治四种因素会使国家陷入贫困陷阱。赵冬缓等（1994）认为贫困是一种基本生活水准难以维持的状态。赵学增（2006）认为贫困本身、地理因素、人口和生产力相互压迫和个人不良行为等是贫困的主要原因。唐丽霞（2013）认为贫困的原因可以分为两大类：一类是从制度层面解析贫困的原因；另一类是从非制度层面解读贫困的原因。彭建（2014）将贵州石漠化片区农户贫困的原因归集为劳动力少、文化程度低、缺少资金、土地少、疾病多、自然灾害多。吴晓东等（2015）认为贫困的原因归纳起来主要有五个方面：一是位置偏居一隅，生活环境封闭；二是自然条件恶劣，生态环境脆弱；三是基础设施薄弱，经济发展水平低；四是社会发育程度低，传统意识浓厚；五是人口受教育程度低，人力资本欠缺。

（二）对贫困形成机理的研究

贫困问题是影响世界发展的重要问题之一，而导致贫困的因素是复杂的，贫困陷阱的机制是多元的。近年来，贫困陷阱理论的研究也表现出贫困陷阱类型更丰富、形成机制更多样、更注重实证检验分析的特点①。因此，从多样化的角度和综合性的视角探讨贫困陷阱的形成机理有利于认识贫困的本质及形成过程。从研究视角来看，对贫困形成机理的研究包括微观层面和宏观层面。微观层面的贫困理论也称为个体贫困理论，主要是研究个人或家庭贫困的成因以及如何摆脱这种贫困的理论，主要包括九种理论。

一是贫困功能理论。贫困功能理论认为贫困之所以会一直存在，就是因为贫困能够满足社会某种需要。有学者对贫困的功能进行过论述，但对贫困功能做出最详细解释的是赫伯特·甘斯（Herbert Gans，1972），他认为贫困及贫困层的存在是社会结构自身的需要，是社会和谐和进步的必然要求。他将贫困或穷人的功能总结为十大方面，认为贫困者阶层的存在是必须且理所当然的，但贫困个体可以凭借其个人能力达到更高的社会阶层。贫困功能理论的贫困形成机理是：社会发展与进步——不可避免地存在需要穷人从事的低收入劳动——贫困。

二是社会分层职能理论。社会分层职能理论的代表人物有金斯利·戴维斯（Kingsley Davis）和威尔伯特·莫尔（Wilbert. E. Moore），他们认为社会不平等是不可避免的，社会分层通过各种社会报酬的不平等分配激励社会成员努力

---

① 习明明，郭熙保. 贫困陷阱理论研究的最新进展［J］. 经济学动态，2012（3）：109 - 114.

工作，推动社会的不断发展①。社会分层职能理论的贫困形成机理是：社会的多层次——收入、地位和权利不平等——贫困。

三是个体缺陷论。个体缺陷论将贫困的原因归结于个人的懒惰、生理、天赋、心理和家庭的缺陷。个体缺陷论包括弗里德曼（Milton Friedman）的个体主义贫困观、马尔萨斯（Thomas Robert Malthus）的人口论、西奥多·舒尔茨（Theodore W. Schultz）的个体贫困理论。弗里德曼（1962）认为自由市场机制已经为人们提供各种机会，在这种情况下，贫困的产生只能是个人的原因。马尔萨斯（1798）提出人口论，他认为贫民自身是贫困的原因，与社会制度无关。人口论的贫困形成机理是：人口数量增长和人口素质低下——人口超过生活资源的极限——贫穷和饥荒。个体贫困理论以西奥多·舒尔茨为代表，他认为传统农业内部的资源配置是有效率的②。个体贫困理论的贫困形成机理是：知识和高质量投入的不足——人力资本不足——产量低下——贫困。

四是贫困文化理论。奥斯卡·刘易斯（Oscar Lewis，1959）系统地提出了贫困文化论，其认为贫困是贫困群体形成一套特定的生活方式、行为规范、价值观念体系等贫困文化，并且通过文化的传递而代代相传造成的。他认为贫困文化下，个体缺乏知识，眼界狭小，生活无计划，只关心眼前利益和个人的事情，有自暴自弃的倾向。同时丹尼尔·莫伊尼汉（Daniel P. Moynihan，1969）认为贫困文化会导致贫困的恶性循环。贫困文化理论的贫困形成机理是：个体贫困条件限制——面临居住问题——遵循独特生活方式以应对居住问题——独特生活方式成为共同的特征，进而形成共同的文化——脱离社会生活主流的亚文化的自动传递——难以利用新的摆脱贫困的机遇、适应新的社会环境——贫困。

五是能力贫困理论。能力贫困理论认为能力的缺乏是贫困的实质，并强调解决贫困和失业的根本途径是提高个人能力。如阿马蒂亚·森（1981）主张引入关于能力的参数来测度人民的生活质量，因为能力的不足是导致贫困的根源，因此必须考察个人在实现自我价值功能方面的实际能力，另外他认为真正的机会平等必须通过能力的平等来实现。能力贫困理论中贫困形成机理是：低收入、获得收入的能力和机会被剥夺——无法获取和享有正常生活——贫困。

六是社会排斥理论。"社会剥夺"一词首先被用于定义和度量贫困，到20

① 尹海洁. 城市贫困人口的经济支持网研究 [M]. 哈尔滨：哈尔滨工业大学出版社，2008：11.
② 胡联，孙永生. 贫困的形成机理研究述评 [J]. 生态经济（中文版），2011（11）：50 – 53.

世纪 90 年代逐渐发展成社会排斥理论。剥夺概念的提出使人们更加关注贫困[①]。社会排斥理论认为,社会排斥是贫困的根源。社会排斥的贫困形成机理是:个人或群体被排斥在社会参与之外——低收入——贫困。

七是贫困代际传递理论。贫困代际传递理论在 20 世纪 60 年代提出,该理论认为贫困以及导致贫困的相关条件和因素会在家庭内部、不同社区和阶层间延续[②]。代际传递理论的贫困形成机理是:贫困家庭内部、不同社区和阶层存在许多导致贫困的相关条件和因素——父母传递给子女——子女组成一个贫困家庭——将贫困和不利因素传递给下一代。

八是脆弱性贫困理论。脆弱性贫困理论主要关注贫困人口自身在面对风险和变化时所需的恢复和适应能力。其代表性研究有斯蒂芬·德康(Stefan Dercon,2007)提出的脆弱性分析框架。脆弱性贫困的贫困形成机理是:风险冲击——资产、收入、福利抵御风险的能力低——贫困。

九是心理贫困理论。心理学视角的贫困研究大致可以分为四个阶段:贫困心理学研究萌芽期(2000 年以前)、贫困心理学的起始阶段(2000~2005年)、贫困心理学发展的停滞阶段(2005~2010 年)以及 2010 年至今贫困心理学方面的研究。这四个阶段经历了由研究"精神贫困"到着眼资本投入和主观感受的转变[③]。心理学视角的贫困形成机理可以概括为:心理和精神上的贫困——守旧、封闭、悲观、保守——落伍——贫困。

宏观层面的贫困理论主要研究一个国家(或一个区域)的贫困问题,包括结构主义贫困理论、新古典主义贫困理论和激进主义贫困理论。

一是结构主义贫困理论。结构主义贫困理论倾向于将经济分成若干构成部分,并通过对结构的分析来认识贫困的原因。结构主义贫困理论包括贫困恶性循环理论、低水平均衡陷阱理论、临界最小努力理论、循环累积因果关系理论、大推进理论、二元经济结构模型、贫困环境论、地理贫困理论、政治贫困和制度贫困。莱格·纳克斯(Ragnar Nurkse,1953)提出贫困恶性循环理论,该理论认为发展中国家在供给和需求方面存在恶性循环。贫困恶性循环理论的贫困形成机理可以从两个方面来概括。资本供给方面贫困的形成机理是:低收入——低储蓄能力——资本形成不足——低生产率——低经济增长率——低收

---

① 莫光辉.农民创业与贫困治理——基于广西天等县的实证分析 [M].北京:社会科学文献出版社,2015:20.
② 李晓明.贫困代际传递理论述评 [J].广西青年干部学院学报,2006(2):75 - 78,84.
③ 转引自:梁昕.1980 年以来中国心理贫困问题研究综述 [J].学术探索,2016(4):43 - 47.

入；资本需求方面贫困的形成机理是低收入——低购买力——投资引诱不足——资本形成不足——低生产率——低产出——低收入①。理查德·纳尔逊（Richard Nelson，1956）提出低水平均衡陷阱理论，他认为发展中国家摆脱低水平陷阱中起决定性作用的是资本积累。要摆脱低水平均衡陷阱需改良社会结构，提高劳动人口比例，改变收入分配方式，改进生产技术。低水平均衡陷阱理论的贫困形成机理可以概括为两条路径：低收入水平——高死亡率——低人口增长率——低收入水平；人均收入增长速度快于人口增长率——低死亡率——高出生率——高人口增长率——低收入水平②。哈维·莱宾斯坦（Harvey Leibenstein，1957）提出临界最小努力理论，临界最小努力是指能促使一个经济落后国家走上发展道路，冲破收入与贫困之间的恶性循环所要达到的投资率。临界最小努力理论强调资本形成对促进经济发展的重要性，认为这种临界最小努力在克服内部不经济、外部不经济、人口快速增长、抑制经济发展的非经济因素是十分必要的。临界最小努力理论的贫困形成机理可以概括为：低人均收入——资本形成不足——陷入"低水平均衡陷阱"和"贫困的恶性循环"——贫困③。冈纳·缪尔达尔（Gunnar Myrdal，1957）提出循环累积因果关系理论，认为经济的变动是一种积累性的循环，在这种积累性循环的作用下，发展中国家总是陷入低水平和贫困的积累性循环困境中。循环积累因果关系理论的贫困形成机理是：低收入水平——低生活水平——人口质量下降——劳动力素质低下——低就业率——低劳动生产率——低产出——低收入④。罗森斯坦·罗丹（Rosenstein Rodan，1943）提出了大推进理论，并在1961年对这一理论进行了进一步论述。该理论认为不发达国家要走上发展的道路就必须有足够多的投资量以获得外部经济效应，进而创造出互为需求的市场，克服资本需求方面阻碍经济发展的问题。威廉·阿瑟·刘易斯（William Arthur Lewis，1954）提出无限过剩劳动供给模式，认为发展中国家存在二元经济结构，促进发展中国家经济发展的途径就是通过劳动力价格差距将传统农业部门的过剩劳动力吸引到城市现代工业部门中来，以完成工业部门的资本积累，实现工业化。马克斯·韦伯（Max Weber）的社会分层理论认为社会不平等的实质是社会资源或有价值物在社会成员中的不均等分配（Frank

① 纳克斯. 不发达国家的资本形成问题 [M]. 北京：商务印书馆，1966.
② 莫光辉. 农民创业与贫困治理——基于广西天等县的实证分析 [M]. 北京：社会科学文献出版社，2015：18.
③ 郑玲. 贫困县域经济发展研究 [M]. 昆明：云南科技出版社，2006：60.
④ 常平凡，张京辉. 简明农村发展经济学 [M]. 太原：山西人民出版社，2001：78.

Parkin，1987）。查理斯·瓦伦丁（Charles Valentine）、海曼·罗德曼（Hyman Rodman）和 L·戴维森（L. Davison）的贫困环境论认为贫困是贫困人口所处的环境造成的（叶普万，2001）。另外空间贫困陷阱概念的提出丰富了地理学对贫困形成机理的研究[①]。李小云等（2012）认为贫困是经济问题，也是社会问题，同时也是生态环境问题，资源的不合理利用和生态环境恶化是造成贫困的重要原因之一。从地理学角度来研究贫困，贫困被定义为生存空间的不足。地理学视角下贫困形成机理是：地理环境恶劣——低收入、高支出——贫困。政治学对贫困成因解释的贡献体现在"非伦理家庭主义"和新马克思主义阶级理论两个方面。政治贫困的贫困形成机理可以概括为：政治排斥——排除在教育和住房等资源之外或没有能力参与政治团体和企业创建——贫困（田宇等，2016）。制度贫困理论在马克思《资本论》中的论述最为著名，他认为资本主义的贫困问题是其制度的必然产物（马克思，1983）。制度贫困理论下贫困的形成机理是：制度落后和制度短缺——收入低、待遇差——贫困。

二是新古典主义贫困理论。新古典主义贫困理论不同于结构主义，它批评结构主义过分强调经济结构差异、过分注重依赖政府力量而忽视市场机制的资源配置作用。新古典主义贫困论包括阿尔伯特·赫希曼（Albert O. Hirschman，1958）的不平衡增长理论、西奥多·舒尔茨的人力资本理论、杨小凯的分工和交易说。阿尔伯特·赫希曼认为区域间的不平衡增长是增长过程中不可避免的伴生物和条件。他主张在经济的发展过程中要实行不平衡发展战略，优先发展引致投资最大的部门。西奥多·舒尔茨（1990）最先提出人力资本理论。该理论认为贫困产生的根本原因是人力资本匮乏和对自身人力投资的轻视。在现代经济中，对于经济增长的贡献，人力资本的提高比物质资本和劳动力数量的增加更为重要。分工和交易说是杨小凯提出的，分工和交易说的贫困形成机理是：交易的低效率——交易费用高昂——均衡分工的低水平——生产率低下、经济落后——贫困（杨小凯等，1999）。

三是激进主义贫困理论。激进主义贫困理论认为发展中国家贫困的原因是发展中国家与发达国家之间长期存在依附关系，包括依附理论和不平等交换理论。保罗·巴兰等（Paul Baran et al.，1966）的依附理论认为发达国家榨取发展中国家的经济剩余是发展中国家经济贫困的根源。阿尔吉里·伊曼纽尔（Arghiri Emmanuel，1972）认为国际经济不平等现象产生的根源在于不平等交换，这种不平等交换随着贫困国贸易比价的恶化日益增加，参加国际分工的各

---

① 罗庆，李小建．国外农村贫困地理研究进展［J］．经济地理，2014（6）：1-8.

国贫富差距、两极分化的状态日益加剧。

（三）对生计的概念及影响因素的研究

从国外对生计概念的研究来看，生计（livelihood）在英语字典里的含义是维持生活的手段或方式。世界环境与发展委员会（1987）提出了可持续生计安全概念，指出生计意味着有足够的有价证券、食物和现金的流动，以获得基本的生存需求。国外对农户生计概念的论述最早可以追溯到1992年联合国环境和发展大会提出的行动议程。1995年，哥本哈根社会发展世界峰会和北京第四届世界妇女大会进一步强调了可持续生计的重要意义。罗伯特·钱伯斯等（Robert Chambers et al.，1992）将生计定义为一种谋生的方式，该谋生方式建立在能力、资产和活动基础之上。伊恩·斯库恩斯（Ian Scoones，1998）认为生计由生活所需要的能力、资产（包括物质资源和社会资源）以及行动组成。弗兰克·埃利斯（Frank Ellis，2000）从生计多样性的角度提出生计是资产（包括自然的、物质的、人力的、金融的和社会的资产）、行动和获得这些权利受到的制度和社会关系的调节，决定了个人和农户获得收入的活动。英国国际发展署将生计描述为一种被利用的资源和为了生存所从事的活动①。纳列什·辛格等（2000）认为生计系统是由一套复杂多样的经济、社会和物质策略构建的。科林·默里（Colin Murray）认为生计是指能力、资产和为了维持某种生活状况所采取的行动，可持续生计是指农户或社区在受到风险和冲击时，其资产和能力不会受到影响②。安科·尼霍夫等（Anke Niehof et al.）把生计定义为一个系统，主要包括投入（资源和资产）、产出（生计）、目的（足够的生计来满足基本的需要）、活动（农户和个体的努力来获得足够的生计）、质量（生计的脆弱性、可持续性程度）、环境（生计系统和其他系统和机构的关系）、核心（农户是生计的核心）③。经济学家沃顿认为生计是经济学概念，包含两重含义，即生存所必需的最低限度的食物和蔽所以及获得这一最低限量的手段④。

从国内对生计研究的概念来看，生计一词在汉语字典中的解释是谋生之

---

① 转引自：苏芳，徐中民，尚海洋. 可持续生计分析研究综述［J］. 地球科学进展，2009，24（1）：61－69.

②③ 转引自：唐丽霞. 穷人的生计资产：特征、获得和利用［M］. 北京：中国农业大学出版社，2013：52－53.

④ 转引自：巫文强，黄兴豪. 人的发展经济学研究（第4辑下）［M］. 南宁：广西科学技术出版社，2014：351.

道，如自营生计、苦无生计等。梁启超称国民经济为国民生计，包括国民生产、生活状况、职业分工。孙中山在《民生主义》讲演中指出，民生就是人民的生活：社会的生存、国民的生计、群众的生命①。国内学者对于生计概念的定义主要借鉴罗伯特·钱伯斯等对生计的概括。部分学者也在前人研究的基础上对生计重新进行了定义，如秦红增等（2006）将生计定义为当地人通过不同的资源利用和生产方式满足人们生存发展需要的策略。英国赠款小流域治理管理项目执行办公室（2008）认为生计是社区不同群体基于其拥有的自然和社会经济条件所开展的一系列生存和发展活动，包括食品生产和创收等维持和提高生活质量的活动。生计资本越丰富，社区的生计水平越高。李聪等（2014）指出的"农户生计"一词形象而生动地刻画了这样一幅场景：处于社会底层的弱势人群，以家庭为单位，他们努力挣扎向上，通过自身和家庭成员的共同努力以求改善贫困落后的生存状况，维持最基本的生存。这一词语包含几个关键之处——处于社会底层的农民、以户为单位的家庭和改善家庭生存而付出的努力。王云仙（2014）指出生计是可以流动。巫文强（2014）认为生计指直接满足人们生存需要的经济生活的有关事情，并将人类生计的四个特征总结为广泛性、紧迫性、整体性、协作性。何国强（2014）认为生计模式是人地关系的一种体现，他强调人地关系的变化反映在不同时期的生计模式特点上，如"人多地少"或"人少地多"。石智雷等（2014）指出生计是以追求创造生存、谋求以家庭为单位的发展并获得收入的行动。郑勇（2016）将生计的概念界定为对农户的家庭生产、生活、生育决策、人际交往、教育等影响农户家庭正常运作的一切手段和方式，同时也认为生计资本的分析框架包括农户的自然禀赋、人力资本存量状况、筹措资金用于家庭生活和生产经营的能力、用于生产和生活的物质资料等。

部分学者还对可持续生计进行了相关研究。1992 年，联合国环境与发展会议将可持续生计列入行动议程。1995 年，在两个国际会议中，可持续生计的重要意义再次被学者强调②，并将就业作为一种可以实现可持续生计的手段。有两位学者在其代表作中为可持续生计理论提供了重要依据，分别是伊恩·斯库恩斯（1998）提出的可持续生计分析框架和约翰·法林顿（John Fallrington，1999）对可持续生计的农村早期实践进行的研究。研究者提出的

---

① 转引自：史月兰.《资本论》与人类的生计 [J]. 改革与战略，2013，29（11）：12 – 17.
② 肖云，郭峰. 女性农民工"可持续生计"问题研究——以重庆市女性农民工为个案 [J]. 农村经济，2006（3）：100 – 104.

可持续生计分析方法以消除贫困为基本目标，逐渐发展成各组织和机构理解贫困原因并给予解决方案的工具（Ellis，2000；Scoones，1998；Bebbington，1999）。以英国国际发展署（DFID）为代表的发展研究机构提出了可持续生计框架，并在发展中国家进行了大量的实践活动①。拉塞·克兰茨（Lasse Kra-ntz，2001）从能力、资产和活动等方面对可持续生计的组成进行了概括，并对可持续生计进行了解释和定义。进入21世纪以来，对可持续生计的认识又有了新进展。美国经济学家诺曼·厄普霍夫（Norman Uphoff）提出了蕴含着可持续生计观念的概念（王三秀，2010）。

国内对可持续生计的研究主要是继承和发展国外的相关研究，这些研究普遍认为"可持续生计"概念是"生计"概念的演进。刘民培（2011）认同20世纪90年代初世界环境和发展委员会对"可持续生计"所下的定义。张大维（2011）认为"可持续生计"是一个系统概念，涉及生计发展的多个方面，且这些方面相互作用。

国外对农户生计影响因素的研究方面，默多克（Murdock，1965）强调家庭对生计的影响，认为家庭成员应该有共同的生计安排和日常生活。从人类学的视角来看，文化对人类生计有重要影响。莱斯利·怀特（Leslie. A. White，1988）就认为文化向人类提供各种机制，包括维持生计等。也有人类学家认为生计对其他文化因素的发展有重要作用，例如人类学家斯图尔德（Julian H. Steward）认为，唯有在基本的生计因素许可的情况下，宗教仪礼、艺术或为声望而竞争的发展才有可能②。美国人类学家克罗伯（Alfred Louis Kroeber）认为环境和生计基础只不过是一个限制因素③。理查德·韦尔克等（Richard Wilk，2005）认为认知模式和操作模式之间的差距是维持生计的关键问题。

国内对农户生计影响因素的研究主要围绕三个视角展开，即经济文化类型理论视角、文化变迁理论视角、社会工作视角。从经济文化类型视角来研究影响生计的因素的代表学者有林耀华（1997），他对经济文化类型的定义说明不同的经济文化类型将产生不同的生计方式。张宁（2003）的研究认为，无论是克木人的刀耕火种还是橡胶栽培，都是对当地环境、社会、经济的一种动态适应。罗康隆（2004）从生存环境的角度探讨影响生计方式的因素。费孝通

---

① 转引自：李聪，李树苗，费尔德曼. 微观视角下劳动力外出务工与农户生计可持续发展［M］. 北京：社会科学文献出版社，2014：29.

② 转引自：胡义成. 地域文化相异的根因在地域生态—能量系统不同［J］. 河南师范大学学报（哲学社会科学版），2003（5）：17－21.

③ 转引自：郭齐勇. 文化学概论［M］. 武汉：武汉大学出版社，2014：111.

（2006）对开弦弓村村民如何充分利用现有的资源维持生计以及对影响生计的因素等方面进行了深入剖析。路宪民（2012）认为一个民族的生计方式以及与之相关的经济类型与民族关系有着结构上的关联性。满都尔图（1962）的研究发现鄂伦春人所处的地理环境很大程度上导致了鄂伦春人以狩猎业为主导的经济类型。

从文化变迁理论来研究生计的影响因素的学者主要有斯宾塞（Herbert Spencer）和摩尔根（Lewis Henry Morgan）等，他们从 19 世纪 60 年代开始对人类社会及文化的进化规律进行研究。随着文化变迁研究的深入，出现了不同的学派，包括进化论学派、传播学派、功能学派，这些不同的学派对文化变迁有着不同的看法。吴承旺（1993）的研究指出，布依族的稻作农耕文化随着布依族生产方式而变化，同时又强有力地制约和影响着其经济土壤的改造。张有隽（2003）提出一个民族生计方式的形成及实际运用与该民族的生态环境、活动空间、技术水平及习俗等因素有密切关系。罗柳宁（2004）认为民族生计方式的变迁是由生态环境变迁导致的。秦红增等（2004）认为经济作物的取舍会造成生计方式的变迁，进而影响民族文化。杨雪吟等（2007）的研究表明国家权力的渗入使拉祜族地区的土地制度发生变更，深刻地改变了当地人传统刀耕火种的生计方式。

从社会工作视角对生计的影响因素进行研究主要是对"福利依赖"的反思。吴忠军（2012）认为，政府的引导是影响黄洛瑶寨村妇女生计发生变化的主要外在因素。王越平（2011）认为退耕还林政策不仅改变了传统的生计模式，更为主要的是它导致了一项由生计模式、土地制度的变革而诱发的整个社会日常生活方式的变迁，使得闲暇生活的内涵、形式以及观念都随之发生了变化。

还有一些学者从其他方面对生计的影响因素进行研究。周政华等（1986）认为，瑶族游耕生活的形成是民族欺压、瑶族刀耕火种的农业生产以及种树还山制盛行导致的。刘金明（1988）认为赫哲族的生产活动、生活习俗、精神生活、艺术科学、宗教信仰等都同渔业文化有密切联系。李根（2000）的研究指出，各民族的生计方式和手段因生存环境的不同呈现多样化、复杂性和差异性。张胜冰（2005）认为，环境伦理观念有效地维护了人与自然的原始和谐，但也造成某些地区难以摆脱落后的生活方式和思维观念。罗康隆（2012）的研究认为，任何一种生计方式都有特定的制度体系来支撑。赖玉珮等（2012）的研究认为草场流转能提高牧民生计。于洪霞等（2013）认为不同生态环境政策对牧民生计状况会产生不同的影响。陈艾等（2015）认为脆弱性和抗逆力是影响连片特困地区农牧民可持续生计的两个因素。

二、对贫困化解路径的研究

各种微观和宏观的贫困理论都从自身角度对贫困问题提出了相应的化解路径，从各种贫困理论的形成机理就可以明确其化解路径。本书重点分析 4 个综合性贫困化解路径的研究范式，分别是社会排斥分析框架、脆弱性分析框架、可持续生计分析框架以及人、业、地综合减贫分析框架。这 4 个具有代表性的分析框架从不同出发点、研究对象、致贫原因等方面对贫困的化解路径进行了分析。

一是社会排斥分析框架。社会排斥是一个多维度的概念，是一个积累的、动态的过程。社会排斥可以分为经济排斥、政治排斥、社会关系排斥、文化排斥和福利排斥等。国外社会排斥概念最早由拉诺尔（Ren Lenoir，1974）提出，他用社会排斥概念描述没有受到社会保障的保护，且被贴上社会问题标签的人。希拉里·西尔弗（Hilary Silver，1995）概括了社会排斥的三个著名范式：团结范式、专业化范式和垄断范式。欧洲共同体委员会（1993）和欧洲共同体（1994）对社会排斥的概念进行了扩展。杜苗（1998）的研究表明国家、市场和市民社会存在社会排斥。国内主要借鉴国外关于社会排斥的研究，联系中国的实际情况对社会排斥的概念进行拓展（杨团，2002；李斌，2002；曾群等，2004；周林刚，2004；彭华民，2005；文小勇，2005）。从研究重点来看，国内学者大多借助社会排斥理论分析农村贫困的深层原因。他们认为社会排斥集中表现为经济、政治、社会关系、教育文化、制度上的排斥（李景治等，2006；江立华等，2006；银平均，2007；陈世伟，2007）。

二是脆弱性分析框架。脆弱性分析框架扩展了贫困研究的方法、维度以及脆弱性分析本身的使用范畴。脆弱性分析源自对自然灾害的研究，它由阿马蒂亚·森首次引入贫困问题，并经世界银行总结并提出"贫困脆弱性"术语，使之成为学者研究的热点。在脆弱性的概念界定上，国外学者卡罗琳·莫泽（Caroline Moser，1998）认为脆弱性是指个人、家庭和社区由于各方面资产的缺乏而造成的贫困风险的增加。杰斯珀·库尔（Jesper Kuhl，2003）认为脆弱性是一种福利水平降低到贫困线以下的可能性。部分学者用家庭未来陷入贫困的概率来定义脆弱性（Pritchett，2000；Mansuri et al.，2001；Chaudhuri et al.，2002），这些定义都反映了对贫困属性认识的加深。最为经典的脆弱性定义是世界银行给出的：脆弱性是指个人或家庭面临某些风险的可能，并且由于遭受风险而导致财富损失或生活质量下降到某一社会公认的水平之下的可能。同时，凯·夏普（Kay Sharp，2003）对农户脆弱性生计资本进行了定量分析。在贫困脆弱性测量方法上，主要包括关注风险响应的方法（Dercon，2000；Takashi，2006）和关注福利结果的方法（Ligon，2002；Calvo，2003；Chaudhuri，2001）。国内对于脆弱性的研究主要集中于对国外理念的介绍上。韩峥（2004）讨论了脆弱性的概念，并探讨了其与贫困的关系。白永秀等（2008）对影响脆弱性的主要因素进行了分析，但并没有进行量化研究。唐丽霞等（2010）对脆弱性分析框架进行了研究，提出脆弱性分析框架经历了从二元（内部－外部分析框架、敏感－恢复力分析框架）到三元（暴露－能力－潜力分析框架、暴露－脆弱性－恶化分析框架）的发展过程。脆弱性分析框架的主要特点是具体、操作性强且与风险紧密相连。马丁·普劳斯（Martin Provse，2003）将脆弱性分析框架重新整合为"暴露－能力－后果"三个框架。瑞典斯德哥尔摩环境研究所（Stockholm Environment Institute，SEI）和克拉克大学（Clark University）构建了包括受灾、敏感性和恢复力三个维度的综合贫困分析框架（Martha G. Roberts et al.，2003）。而斯蒂芬·德康（2001）将风险和贫困紧密联系起来，形成了以"资产－收入－福利"为维度的脆弱性分析框架。

三是可持续生计分析框架。可持续生计框架是贯穿可持续生计途径应用过程的逻辑思维工具。对生计的思考最早开始于罗伯特·钱伯斯，同时罗伯特·钱伯斯等（1992）对可持续生计概念的内涵进行了解释和定义。在这些理论的基础上，依托阿马蒂亚·森的可行能力理论，可持续生计框架成为一种寻找农户生计脆弱性诸多原因并给予多种解决方案的集成分析框架和建设性工具（Martha G. Roberts et al.，2003）。国外学者提出了多个可持续生计框架。伊恩·斯库恩斯（1998）提出的可持续农村生计分析框架强调背景、资源、制度、策略和结果的相互作用，并认为农户在一定的背景、条件和趋势下（包括政策、政治、宏观经济条件、贸易条约、气候、土壤生态、人口和社会分化），结合不同的生计资源（包括自然资本、经济资本、金融资本、人力资本、社会资本），在一定的制度过程和组织结构作用下，实行不同的生计策略（包括集约农业－扩张农业、生计多样性、迁移），从而获得不同的生计产出（包括创造工作、减贫、福利能力、生计适应和可恢复性、自然资源基础可持续）。英国国际发展署在伊恩·斯库恩斯可持续农村生计分析框架的基础上，结合阿马蒂亚·森、罗伯特·钱伯斯等对贫困性质的理解，形成了经典的可持续生计分析框架（李小云等，2007）。该框架认为在政策、制度和程序造就的脆弱性环境及背景下（包括外部冲击、发展趋势、周期性因素），在生计资产（包括人力资本、社会资本、自然资本、物质资本和金融资本）与政策、制度和程序相互作用的条件下，不同生计资产的状况决定了不同的生计策略，从而导致不同的生计成果和生计产出（包括收入增加、福利改善、食品安全增加、生活水平改善、脆弱性减少、生态环境改善），同时生计成果或产出又反作用于生计资本（英国国际发展署，1999）。另外，还有一些学者在可持续生计分析框架的基础上进行了拓展和延伸。安东尼·贝宾顿（Anthony Bebbington，1999）针对拉丁美洲农村的发展，提出了以资本和能力为核心的资本、生计和贫困分析框架，此框架认为分析农户生计需要从农户资本的可获得性、农户资本转化的方式、农户扩展资本的方式三个方面入手。向德平等（2013）在可持续生计理论和可行理论的基础上形成了连结生计方式与可行能力理论，该理论强调可行能力在消除贫困中的重要性。陈艾等（2015）在英国国际发展署可持续生计分析框架的基础上，将"结构与过程转换"的"制度丛"具象化为抗逆力，并连结脆弱性与抗逆力，考察了他们对生计方式的影响，形成了"脆弱性—抗逆力"结构下的生计分析框架。梁义成等（2015）在前人研究的基础上嵌入家庭结构，形成了含有家庭结构的可持续生计分析框架。李雪萍等（2015）对脆弱性分析框架进行了阐释，并整合了脆弱性分析框架、社会排斥分析框架和可持续分析框架，形成了"行动—结构"的多维贫困分析框架。

四是人、业、地综合减贫分析框架。人、业、地综合减贫分析框架是由丁建军和冷志明提出的，该分析框架从地理学视角阐释区域贫困的本质、构成要素、格局、形成过程及应对方案。人、业、地综合减贫分析框架认为区域贫困的本质是在特定的人、业、地维度上的剥夺或三者之间耦合失调的过程。在特定的时间断面上，区域贫困的形成是一个典型的非线性过程，表现为人、业、地三个层面要素的负向循环积累过程，即贫困陷阱①。

从对贫困认识问题的研究来看，人类对于贫困内涵和成因的理解在不断加深，且都在实际应用中受到广泛关注，但都还有很大发展空间，特别是和扶贫实践相结合方面。在贫困形成机理方面，从微观层面的贫困理论来看，贫困功能理论并不适应我国的实际，现实中贫困会让人产生仇富心理而非正功能。个体缺陷理论解释了贫困产生的原因，但忽视了社会对人的影响。能力贫困论将贫困的概念从收入贫困扩展到能力贫困、权力贫困。将贫困原因从经济因素扩展到政治、法律、文化、制度等领域，会过分强调主观能力，而忽视了客观

---

① 丁建军，冷志明. 区域贫困的地理学分析 [J]. 地理学报，2018，73（2）：232-247.

机会。贫困文化理论、社会排斥理论、贫困代际传递理论、脆弱性贫困理论、心理贫困理论等都从某些方面对贫困进行了解释，对中国扶贫工作有一定的借鉴作用。从宏观层面的贫困理论来看，结构主义贫困理论开创了国家贫困与反贫困研究的先河，其理论有重大的启发作用，但在发展中国家的实践中并没有得到预期的效果。新古典主义贫困理论和激进主义贫困理论分别关注市场机制的作用以及发达国家和发展中国家的依附关系，对发展中国家的反贫困产生了一定的影响。从国内外学者对农户生计的概念可以看出，生计与农户的生产生活密切相关，要深入理解贫困问题必定离不开对生计问题的关注，特别是可持续生计概念的提出为研究贫困问题和生计问题提供了非常有益的启示。国内外对农户生计影响因素的研究主要以民族学家和人类学家为主，研究的视角也多从文化入手，从各角度关注文化对农户生计的影响，对于理解和认识农户生计问题有重要的意义。

从贫困的化解路径来看，国外在贫困的化解路径方面的研究已形成了较为成熟的综合性分析框架：社会排斥分析框架、脆弱性分析框架、可持续生计分析框架以及人、业、地综合减贫分析框架。可持续生计分析框架作为一种经典的、被广泛采用的理论框架具备三个特点，对研究贫困问题有重要的借鉴作用。一是可持续生计分析框架提供了一种思维方法。这种思维方法可以对农户生计，特别是对与贫困问题有关的复杂因素进行整理、分析，也可以用来研究、规划新的发展活动，或者评估现有的发展活动对于农户生计的可持续性所做的贡献。二是可持续生计分析框架揭示了生计的主要影响因素及其互动关系。可持续生计分析框架把对贫困的理解集成到一个分析框架中，展示出影响人们生计的主要因素以及它们之间的典型关系，为发展和研究贫困提供了重要的核对清单，提醒我们注意那些核心的影响和过程，并强调了影响农户生计的各种因素之间的多重性互动关系[①]。三是可持续生计分析框架具有很强的延伸性和拓展性。在具体应用中可持续生计分析框架并不是固定不变的，我们可以对可持续生计分析框架进行修改或适应性调整，使之适应当地的环境、条件，与实际情况相结合，并符合当地的优先需求。此外，还有些影响生计的反馈关系并没有在框架中反映出来[②]。

总体来说，国内外学者对贫困认识问题以及对贫困化解路径问题的研究虽

---

① 苏芳. 可持续生计：理论、方法与应用 [M]. 北京：中国社会科学出版社，2015：14－23.

② 梁义成，李树苗. 中国农村可持续生计和发展研究——基于微观经济学的视角 [M]. 北京：社会科学文献出版社，2014：38－50.

已取得很多成果，但在以下几方面还有一定的完善空间。第一，对贫困形成过程的探讨上，虽然国内外已有很多的研究，但是根据中国扶贫实践中的新要求、新问题，对贫困进行重新认识的研究比较少。结合农户生计状况来探讨贫困形成机理的研究更少，对农户贫困陷阱的形成机理也有待挖掘。第二，可持续生计分析框架虽然已得到国内外学者的普遍认可，但可持续生计分析框架在中国并未结合实际情况形成系统的、完整的本土化贫困分析框架，现有的零散研究还不能对贫困对象的生计过程进行全景式呈现。第三，对农户生计影响因素的研究维度只涉及生计的部分环节或要素，未形成综合性的分析范式，对各影响要素之间的相互影响以及动态变化过程的关注度不够。第四，以往的研究未充分考虑生计的可持续性和扶贫成效的巩固问题，与实现"精准脱贫，稳定脱贫"的要求还有差距。

第二节　研　究　议　题

事实上，从贫困群体的生计状况来看待贫困，贫困不只是生计环境的问题或者生计资本的问题，也不是生计策略或者生计产出的问题，而是生计环境、生计资本、生计策略和生计产出四者之间相互耦合过程中出现不协调、不和谐而产生的问题。任何只针对生计环境、生计资本、生计策略、生计产出中单一要素的贫困化解路径和策略都是有缺陷的，难以实现"精准脱贫，稳定脱贫"的目标。

本书利用文化整合理论，借鉴可持续生计分析框架以及"链"概念的特点，提出生计链分析框架，着重关注生计环境、生计资本、生计策略、生计产出四个要素对农户生计的影响，并从农户生计链的视角探讨贫困的形成机理。同时，选择湖南省吉首市 L 村为个案，分析 L 村生计链的历史、现状以及生计链贫困的成因，运用生计链分析框架来解读和分析 L 村生计链贫困的精准扶贫路径，以期为精准扶贫工作的开展、扶贫成果的巩固以及全面小康的实现提供有益的借鉴和参考。本书需要证明的核心假设是现阶段的贫困问题与生计环境、生计资本、生计策略和生计产出之间存在密切关系，贫困的化解应该从生计环境、生计资本、生计策略和生计产出四个方面进行综合干预。

本书一共有六章，除导论和结尾部分外，主体部分共有四个章节，分两个部分展开论述。第一部分是理论研究，即第二章内容，主要提出生计链分析框架，并运用生计链分析框架阐释贫困的形成机理。第二部分是经验研究，包括第三章、第四章和第五章，旨在运用生计链分析框架对田野点 L 村的贫困问题以及贫困化解路径进行分析和解释。

各章节的主要内容如下。第一章是绪论，主要对贫困认识与贫困化解路径的相关研究进行梳理和回顾，同时提出本书的研究议题，界定相关概念，并介绍田野点概况、选点的理由及研究方法，最后对其他问题进行说明。第二章是生计链分析框架的提出：首先介绍生计链分析框架的基本要素，再细分生计链分析框架的环节及贫困类型，最后介绍生计链分析框架各要素的测度。第三章是 L 村生计链的历史与现状，分别从生计环境、生计资本、生计策略、生计产出四个方面剖析 L 村生计链的历史与现状。第四章是 L 村生计链贫困的成因，分别从生计环境、生计资本、生计策略和生计产出四个方面探析 L 村生计链贫困的成因。本章从主位和客位对成因展开分析，主位分析即立足农户的立场，客位分析主要根据田野调查的实际情况，结合农户的立场，运用基于生计链的贫困形成机理进行分析。第五章是 L 村精准扶贫与生计链贫困的化解，主要是结合 L 村精准扶贫工作的实际，运用生计链分析框架，从生计环境、生计资本、生计策略和生计产出四个维度解读和分析精准扶贫中 L 村农户生计链贫困的化解情况。第六章是生计链脱困的总结、讨论与反思，主要包括对生计链相关理论、实践及研究发现进行概括和总结，并对本书所涉及的方法论进行检讨和反思。其中，每章结尾有一个"本章小结"，对相应章节的主要内容和基本观点进行概括。

同时，为了表述的准确性和严谨性，有必要对本书涉及的三个基本概念的范畴进行界定。

一是农户的概念。对农户概念的研究，概括起来主要可以分为三类[1]，第一类认为农户就是农民家庭（韩明漠，2001）；第二类认为农户就是家庭农场（恰亚诺夫，1996；黄宗智，2000）；第三类认为农户就是社会经济组织单位（卜范达等，2003）。本书所说的农户是指拥有中国农村户籍和农村土地承包经营权的家庭，家庭成员共同劳动、共同生活、共享收入，是共同承担债务的经济共同体。本书调研的农户是一个完整的农户家庭。

二是生计的概念。本书所讲的生计是指以农户为主体、以谋求家庭生存和发展为目标而开展或从事的一系列活动。这个概念明确了生计的三个要素，即

---

① 朱再昱. 集体林权流转民意反应与制度构建——以江西为例［M］. 北京：中国农业出版社，2014：24.

主体、目标和行为。第一，生计的主体是农户。单个自然人是生计的行为人，承载着整个生计活动的发生、持续和结束，生计是单个自然人的生计。第二，生计的目标是谋求家庭生存和发展。家庭是社会最小的单位，家庭整体生存和发展状况直接反映了家庭成员生计活动的结果；而单个家庭成员生计状况并不能体现家庭整体的生存和发展状况，因为整体的状况还取决于其他家庭成员生计的情况。第三，生计表现为一系列活动，这些活动基于主体拥有的条件而从事。

三是可持续生计的概念。本书所说的可持续生计是个人和家庭开展或从事的、能够应对风险和冲击并稳步改善长远生活状况的生计活动。这个概念体现和强调了可持续生计的两个特征。第一个特征是延续性。可持续的生计必须有随时应对风险和冲击的特点，个人和家庭在生产生活过程中难免会遇到各种风险和冲击。如果某一风险或冲击对个人或家庭产生毁灭性后果，则这种生计被认为是不可持续的。这种可持续既取决于个人或家庭各种资源配置的能力，也取决于社会保障制度的完善程度。第二个特征是发展性。个人和家庭的生计活动如果始终停留在同一水平上，长期没有提升，就不认为这种生计活动是可持续生计，因为个人或家庭的生计活动长久停留在某一水平可能说明现有的生计活动并不适应社会主流的生产方式，也可能说明个人和家庭在长久地接受某些社会保障的支持。这样的生计活动不具备发展性，这种发展性既体现在个人或家庭生计活动的效益上，也体现在个人或家庭对现有资源合理配置下展现出来的发展潜力上。

第三节　研究方法

本书选择的田野点是 L 村，L 村属于吉首市，吉首市位于湖南西部、湘西土家族苗族自治州南部，是湘西土家族苗族自治州的首府。L 村作为国家级深度贫困村，近 20 年来一直是被扶贫的对象，但截至 2015 年底，L 村贫困村的帽子依旧没有被摘掉。本书选择吉首市 L 村作为田野点，主要是基于以下几个方面的考虑。第一，符合费孝通先生对调查点选择的基本要求。费孝通在其《江村经济》中曾提出选择村庄作为调查区域最为合适，同时这个村庄应该具备的特征有如下几点：农户聚集在一个紧凑的居住区内；与其他相似的单位有一定空间距离；是一个由各种社会活动组成的群体；具有特定的名称；是一个为人们所公认的事实上的社会单位①。选择 L 村作为调查点，完全符合费孝通先生对调查点选择的要求。第二，L 村农户生计链的贫困特征十分明显。L 村地处偏远山区，虽然经历多次扶贫开发，但贫困程度依旧很深。经过前期对 L 村的了解和分析，发现 L 村农户生计链中生计环境、生计资本、生计策略和生计产出等各环节的贫困特征十分明显，可以成为检验生计链分析框架解释能力的典型案例。第三，L 村是苗族村寨的典型代表。L 村是纯苗族聚集区，在苗族文化的传承和保护方面保持得非常好，苗族传统文化保存比周边其他地方都要完整，这里有千年梯田，有传统民居，有苗族武术等，是苗族文化的一个缩影，具有广泛的代表性。对 L 村农户生计链贫困问题的研究可以为其他民族村寨的扶贫实践提供指导和借鉴。第四，语言上不存在难以沟通的问题。L 村虽然是少数民族聚居的地方，但是除了一些年纪较大的农户，大部分农户都能听懂普通话，很多农户都可以讲普通话，这样在调查中就不存在明显的障碍，可以顺畅地沟通交流。

另外，调查的时间主要集中在 2016 年 1~12 月，主要采取文献分析法、深度访谈法、参与观察法和文本资料收集法对 L 村进行田野调查，调查主要分为三个阶段。第一个阶段是在 2016 年 1 月，这一阶段先对驻村扶贫干部和村干部进行访谈，初步了解 L 村的基本情况和贫困现状，在此基础上深入农户的日常生活进行观察，并对 L 村农户进行入户访谈，以全面了解其生计环境、生计资本、生计策略和生计产出的具体情况。第二个阶段是在 2016 年 2~11 月，这期间根据相关研究的开展情况，深入 L 村对第一阶段调研的资料进行核查、补充和完善，并收集与 L 村相关的文本材料。第三个阶段是在 2016 年 12 月，主要是对 2016 年 L 村精准扶贫的实施情况及对 L 村贫困的化解情况进行跟踪调查。

其中文献分析主要是对国内外的相关文献进行查阅、抽样、鉴别与整理，并对贫困认识和贫困化解路径等相关研究进行梳理、归纳、对比和综合，掌握研究动态，为生计链的提出提供理论支撑。深度访谈主要是在田野调查的过程中对相关调查对象进行深度访谈以深入了解 L 村的相关情况。访谈对象包括 L 村农户、L 村村干部、L 村扶贫干部以及相关领域的专家和学者。参与观察主要是在田野调查的过程中居住在 L 村，以便深入了解 L 村贫困现状和农户的感受，检验 L 村精准扶贫的成效。同时，对于深度访谈得来的相关资料利用参与观察法进行核实，以确保材料的真实性和可靠性。文本收集主要是通过收集与

① 费孝通. 江村经济 [M]. 上海：上海人民出版社，2006：12.

L村相关的文本材料了解L村的历史以及生计链背景等。文本收集的途径包括农户家中的相关资料、L村村委会的相关档案材料、图书馆的相关文本材料等。为了保护访谈对象的隐私，本书在资料的使用过程中，对所涉及的人名和部分地名进行了一定的技术处理，使用了代号，并用字母进行表示。

第四节　创新之处

第一，研究视角方面。本书将文化作为贫困研究的切入点，用文化整合的理论将与农户可持续脱贫密切相关的、贯穿农户生计全过程的各种因素囊括在生计链分析框架这一综合性的分析范式里，并从生计链分析框架的视角来认识贫困问题，探究化解贫困的路径。这一视角的创新有助于阐释贫困陷阱的形成机理，细分不同农户的贫困类型，剖析精准扶贫中的贫困现象，揭示通过生计链推动精准扶贫的逻辑和机制。

第二，学术观点方面。学术观点方面的创新主要体现在两个方面，一方面认为现阶段的贫困问题与生计环境、生计资本、生计策略和生计产出之间存在密切关系，贫困的化解应该从生计环境、生计资本、生计策略和生计产出四个方面进行综合干预；另一方面阐释了贫困陷阱形成机理，认为贫困陷阱的形成是生计环境、生计资本、生计策略和生计产出四个要素"负向循环积累"以及制度失灵效应、临界门槛效应、邻里效应和路径依赖效应等四个效应"负向相互强化"的过程。

第二章
生计链分析框架的提出

第一节　生计链的概念及其相关特征

截至 2018 年 12 月，暂未有相关文献对生计链这一概念进行系统定义。但是结合上文论述我们可以发现，利用文化整合理论，借鉴可持续生计分析框架，可以将影响贫困农户生计的各经济因素和非经济因素按照逻辑上的一致性进行整合，以便更全面地呈现贫困现象，解释贫困问题。生计链概念的提出主要基于三个方面。

一是对文化整合理论的理解。文化整合理论强调文化在各方面相互影响，而作为文化一部分的"生计"，也受到多方面因素的影响，如农户面临的生计环境、农户拥有的生计资本、农户所采取的生计策略以及农户得到的生计产出等。单纯研究影响农户生计某一方面的因素并不足以全面揭示和理解农户生计的全貌。因此将这些影响农户生计的多方面因素整合为一个综合的农户生计分析框架进行分析很有必要。本书正是基于这样的考虑，运用文化整合理论，将影响农户生计的多方面因素进行整合。

二是对可持续生计分析框架的延伸和拓展。可持续生计分析框架作为一个开放的分析框架，可以根据实际情况，对其进行延伸和拓展。生计链概念对可持续生计分析框架的延伸和拓展主要体现在对研究对象的延伸和拓展、对侧重点的延伸和拓展、对互动关系描述的延伸和拓展、对贫困类型与贫困化解策略研究的延伸和拓展上。第一，研究对象的延伸和拓展。可持续生计分析框架主要针对贫困农户进行设计，为政策执行者和工作人员的实际扶贫工作提供指导①。而生计链并不仅为贫困农户设计，它涵盖了所有农户，不管是不是贫困农户都可以用生计链对其生计进行分析和干预。第二，侧重点的延伸和拓展。可持续生计的核心是个体（农户、社区）拥有的各种资产，侧重于突出贫困农户的能力，将农户的资源和禀赋归为五种生计资本。许多研究机构和国际援助组织都把增加贫困农户对资产或资本的所有权或使用权作为支持扶贫项目的首要考虑因素②。而生计链不仅关注农户所拥有的各种资产，还对其他要素进行"等同"的关注。第三，互动关系描述的延伸和拓展。英国国际发展署（DFID）的可持续生计分析框架通过一个二维平面图来展示生计构成的核心要素及要素之间的结构关系，通过这个框架可以发现，在政策和制度等因素所造就的风险性环境中，在资产与制度和政策的相互影响下，生计资产的性质和状况决定了所能采用的生计策略，该类型生计策略必然导致某种生计结果，生计结果又反作用于生计资产，影响资产的性质和状况③。而生计链将对生计的各组成部分间的互动关系进行更加详细的展示。第四，贫困类型与贫困化解策略研究的延伸和拓展。可持续生计分析框架试图在微观现实和宏观政策之间建立某种联系，并建议利用有效的生计资本组合来实现良好的生计输出④。生计链除了实现这些目的外，还会对贫困类型、贫困化解策略进行细分，以期建立减贫的长效机制，实现可持续脱贫。

三是受"链"概念的启发。"链"概念描述的是一个网络或集成式结构，是研究对象的所有影响因素及其相互关系，是一个动态的过程。这与生计链试图描述的过程非常契合，生计链的提出正是受"链"概念的启发。

综上所述，本书将生计链定义为农户在谋求可持续生计的过程中，生计环境、生计资本、生计策略和生计产出之间的构成的、相互联结的网络。生计链的本质是农户为实现生计活动目标而引发的所有要素之间的相互关系的集合。

从生计链概念的内涵来看，狭义的生计链指的是农户在一定的生计环境下，造就了农户现有的生计资本状况，在此条件下，农户将根据自身情况和政府政策等选择适合自己的生计策略，进而得到相应的生计产出。同时生计产出

---

① 杜海峰，白萌，刘茜，杜巍. 农民工生存与发展状况调查报告 [M]. 北京：社会科学文献出版社，2015：4.
② 李聪，李树苗，费尔德曼. 微观视角下劳动力外出务工与农户生计可持续发展 [M]. 北京：社会科学文献出版社，2014：30 – 31.
③ 朱海平. 可持续生计框架下关于农村社会救助的思考 [J]. 前沿，2013（16）：110 – 112.
④ 蔡志海. 汶川地震灾区贫困村农户生计资本分析 [J]. 中国农村经济，2010（12）：55 – 67.

会改善农户面对的生计环境，改进农户的生计资本结构，最终形成环环相扣的链条式依存关系。广义的生计链不仅指生计活动中生计环境、生计资本、生计策略和生计产出之间的相互关系，也包括生计环境、生计资本、生计策略和生计产出各要素内部复杂的、循环的网络系统。

从静态上来说，生计链是对将生计活动中各关键要素集成到一个系统里进行分析、评价的一种方法和框架。从动态上看，生计链是对生计活动从发生到结束全过程的反映，是生计环境、生计资本、生计策略、生计产出之间的有机结合，是对个人或家庭生计活动进行系统而全面的监控、诊断、评价的过程。

生计链的参与主体不仅包括农户，还包括农户的社会关系（包括农户的亲戚、邻居、村干部等）和政府等。农户的家庭成员是生计链的直接参与人，政府和农户的社会关系（包括农户的亲戚、邻居、村干部等）在生计环境、生计资本、生计策略和生计产出的各环节对生计链产生作用。

从生计链的特征来看，生计链具有延续性、发展性、生态性、复杂性、交叉性、动态性。生计链的延续性体现在生计链是一套完整的生计分析框架，农户在生计链的各环节都可以根据自己的实际条件采取相应的措施和对策，最终选择一套最适合的生计链，实现生计的可持续发展。生计链的发展性体现在生计链各环节是递进和发展的。农户经过一次次尝试、改变和修正，最终形成生计环境、生计资本、生计策略和生计产出的优化，这个过程体现了生计链的发展性。生计链的生态性体现在农户的生计活动都是绿色的，对环境的破坏是最小的，对资源的消耗是有节制的。生计链的复杂性体现在生计链各主要素之间、各主要素内部以及各环节之间会形成错综复杂的关系网络，这种复杂性也可以进一步保障生计链的相对稳定性。生计链的交叉性体现在生计链中生计环境、生计资本、生计策略和生计产出四个主要素之间的链条并不完全是单向的，某些主要素之间的链条可能是双向的，会相互影响并产生循环往复的效果。生计链的动态性体现为生计链中各要素会在主观和客观环境的影响下相互作用，并进行调整和优化，使得整条生计链趋于完善。

从生计链的功能来看，生计链具有保障功能、激励功能和稳定功能。生计链的保障功能体现在农户在与整个生计链的互动过程中能够实现生计的可持续发展，保障了农户的基本生活品质和生活质量。生计链的激励功能体现在生计链对贫困农户是一种激励，将贫困农户的生计活动置于生计链中进行诊断，找出农户生计活动的问题所在，在此基础上提出优化建议，进一步改善贫困农户的生计活动，使得贫困农户生存环境得到改善。生计链的稳定功能体现在生计链将生计活动置于一个统一的系统中进行分析，对贫困农户、政府以及扶贫干部具有指导作用，对于维护生活稳定、实现美好生活有重要作用。

从生计链的类型来看，根据贫困的主要原因可以将生计链类型划分为环境主导型、资本主导型、策略主导型和产出主导型。环境主导型指贫困农户所处的生计环境决定了贫困农户的生计状况，说明生计环境是造成贫困农户贫困或生计无法改善的主要原因。资本主导型指贫困农户的生计资本状况决定了贫困农户的生计状况，说明生计资本状况是造成贫困农户贫困或生计无法改善的主要原因。策略主导型指贫困农户所采取的生计策略决定了贫困农户的生计状况，说明生计策略的失误是造成贫困农户贫困或生计无法改善的主要原因。产出主导型指贫困农户的生计产出状况决定了贫困农户的生计状况，说明生计产出状况是造成农户贫困或生计无法改善的主要原因。根据生计资本和生计产出的状况可以将生计链划分为平衡型生计链和倾斜型生计链。平衡型生计链指的是生计资本和生计产出的状况是相匹配和相适应的，生计资本的投入得到了预期的生计产出。倾斜型生计链指的是生计资本和生计产出的状况不匹配，可能是一定的生计资本投入得到了更多或更少的生计产出，也可能是一定的生计产出使得生计资本积累了更多或者更少。

生计链分析框架作为一个研究"生计"的新范式，其理论优势主要体现在三个方面。第一，生计链具有较为丰富的理论底蕴。利用文化整合理论，强调文化各方面相互影响。同时，借鉴了英国国际发展署（DFID）可持续生计分析框架，该分析框架在国内外已得到普遍认可，对其研究对象、研究侧重点、互动关系描述、贫困类型与贫困化解策略研究方面的延伸和拓展，有益于深化对贫困农户生计的研究，具有较为丰富的理论底蕴。第二，生计链是对农户生计的全面概括。农户的贫困，本质是农户生计的贫困，单从农户生计的某一角度来研究无法从根本上解决贫困问题。本书提出的生计链指的是农户在谋求可持续生计的过程中，生计环境、生计资本、生计策略和生计产出之间构成的网络。这一概念是对农户生计的全面概括，在农户生计研究的广度和深度上都有一定的建树。第三，生计链可为扶贫实践提供解释范式、测度方法和化解路径。在扶贫实践中，贫困的认识和化解是两个难点，而生计链不但可以提供认识和理解贫困的范式，还可以提供一种测度贫困的方法和化解贫困的路径。

第二节　贫困理论本土化的有益尝试：生计链视角下的贫困

从生计链的角度来看，农户贫困通常表现为两个过程。第一，"负向循环积累"过程，包括生计链条上生计环境、生计资本、生计策略和生计产出四个主要素的"负向循环积累"。第二，"负向相互强化"过程。造成四个主要素"负向循环积累"的四个效应之间的"负向相互强化"的过程。具体如图 2 – 1 所示。

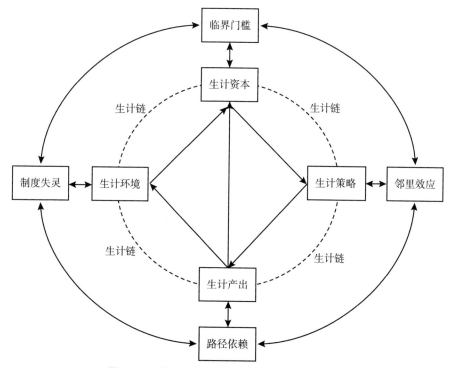

图 2 – 1　基于生计链的农户贫困陷阱形成机理

资料来源：笔者自制。

一、"负向循环积累"过程

具体地，在特定的时间和环境下，由生计环境、生计资本、生计策略、生计产出四个主要素组成的生计链条造就了农户的生计资本现状，从而影响了农户生计策略的配置与使用方式，进而得到相应的生计产出，而生计产出又会反过来影响农户的生计资本现状。生计链中的四个主要素分别受四个效应的影响，分别是制度失灵、临界门槛、邻里效应和路径依赖。

(一)"制度失灵"效应

影响生计环境的效应是"制度失灵"效应。制度是指要求大家共同遵守的办事规程或行动准则，包括约定俗成的道德观念，法律，法规等。制度不仅指经济制度，也包括政治制度、思想制度和文化制度等[①]。本书所说的"制度失灵"效应指的是农户面临的经济、政治、思想和文化等制度由于其固有的缺陷，使得制度在配置资源时无法实现效益的最大化，造成市场失灵以及政策失灵，进而使农户面临的生计环境陷入贫困。生计链条中的生计环境在制度失灵效应的作用下，会造成财富、权力、教育、公共产品等分配不公，导致农户面临的生计环境无法得到进一步改善。

(二)"临界门槛"效应

影响生计资本的是"临界门槛"效应。"临界门槛"在威廉姆森的倒"U"型理论中被提及，威廉姆森的倒"U"型理论认为随着国民经济的高速增长，区际差距逐渐加大，国民经济发展进入某一门槛值以前，区际差异达到最大；进入某一门槛值以后，随着经济的发展，区际差距逐渐缩小。根据该理论，进入某一临界门槛以前，区际差异的扩大是无法避免的，缩小区际差距的种种努力将会导致经济效率的损失，进而延缓进入门槛值的时间；进入某一临界门槛值以后，尽管存在区际差异，但差异是逐渐缩小的，可通过适度的财政政策缩小这种差距[②]。本书所说的"临界门槛"效应指的是农户生计资本的积累存在临界门槛的，在达到这一临界门槛之前，农户生计资本的积累是无效的，对于改善农户生活状况没有显著意义；当进入这一临界门槛之后，农户生

---

① 于喜繁，丛娟. 所有制与经济体制悖论 [M]. 北京：中央编译出版社，2009 (6)：21–34.
② 李中东. 区域经济学 [M]. 北京：经济管理出版社，2012 (3)：232.

计资本的积累才是有效的，对于改善农户生活状况才有作用。生计资本在临界门槛效应的作用下，人力资本、自然资本、资金资本、物质资本和社会资本的积累过程都面临这一门槛，低于这一临界门槛的生计资本积累对于农户改变贫困的现状没有任何作用，只有高于这一临界门槛的生计资本积累才能对农户贫困现状的改善起作用，最终造成农户的两极分化严重。

（三）"邻里效应"

影响生计策略的是"邻里效应"，而"邻里效应"的产生主要有两方面原因：一是人们期望与邻居建立友好的关系，这一期望促使他们尽量避免与邻居发生不愉快的事情；二是人们在交际过程中，总是试图以最小的代价换取最大的报酬，而和邻居交往比和那些距离较远的人交往所付出的代价要小得多[①]。本书所说的"邻里效应"指的是相邻的农户在生计策略的选择上会相互影响、相互作用。生计策略在邻里效应的作用下，群体内部家庭之间的生计策略会相互影响、相互渗透。由贫困引发的群体内部的懒惰、讥笑嘲讽、愤世嫉俗和玩世不恭等情况会传染，群体内一些短期获利、没有长远发展潜力的决策会得以传播。

（四）"路径依赖"效应

影响生计产出的是"路径依赖"效应。经济学中的"路径依赖"是指经济系统一旦进入某一路径，就可能对这种路径产生依赖。这意味着"历史是至关重要的"，我们今天的各种选择，实际上受到历史因素的影响[②]。本书所说的"路径依赖"指的是农户现在的生计产出状况受以前生计产出状况的影响，生计产出状况一旦进入某一路径，就很容易对这种路径产生依赖。在路径依赖效应的作用下，农户的生计产出会被长期锁定在开始时的低水平状态，得不到改善。

生计链条上生计环境、生计资本、生计策略和生计产出四个主要素分别在"制度失灵"效应、"临界门槛"效应、"邻里效应"和"路径依赖"效应的作用下，通过生计链的传递，循环地进行"负"积累，形成"负向循环积累"过程。

---

① 雷坚. 受用一生的心理课（第2版）[M]. 北京：中国纺织出版社，2016（2）：203.
② 道格拉斯·C. 诺思. 经济史中的结构与变迁 [M]. 上海：上海人民出版社，1994（12）：1-2.

二、"负向相互强化"过程

"制度失灵"效应、"临界门槛"效应、"邻里效应""路径依赖"效应之间也会引起共振，这种共振会使得相邻的两个效应相互强化。例如，"制度失灵"效应会加大"临界门槛"效应的临界值，而"临界门槛"效应又会扩大"邻里效应"影响的范围，"邻里效应"会加剧"路径依赖"效应的广度和深度，同时"路径依赖"效应也会引发"制度失灵"效应的持续，造成相邻效应之间的"负向相互强化"，形成"负向相互强化"过程。

综上所述，生计环境、生计资本、生计策略和生计产出四个主要素在对应效应的影响下"负向积累"，再通过生计链的传递，造成四个主要素的"负向循环积累"。而制度失灵效应、临界门槛效应、邻里效应、路径依赖效应之间共振，造成了四个效应的"负向相互强化"。"负向循环积累"和"负向相互强化"的过程，就是贫困恶性循环的过程，即贫困陷阱的形成过程。

第三节　生计链分析框架的构成要素

生计链分析框架的构成要素分为主要素和子要素，生计链分析框架的主要素是指构成生计链的四个节点，它们是整个生计链的关键，对生计链有重要作用。这四个主要素包括生计环境、生计资本、生计策略、生计产出，具体如图2－2所示。

一、生计环境

伊恩·斯库恩斯（1998）将农户面临的生计环境描述为历史、政策、宏观经济条件、贸易条件、气候、农业生态、人口统计和社会分工。英国国际发展署（2000）将农户要面临的脆弱性背景概括为冲击、趋势和季节性。秦红增等（2011）认为生计总是与一定的外部环境相适应。马海寿（2012）等提出民族生计方式是生态条件与社会人文环境综合产生的结果。熊正贤（2016）提出任何一种生计方式与其背后的地理环境、社会环境息息相关。本书认为农户生计所面临的客观环境是复杂的，不管是历史、政策、宏观经济条件、贸易条件、气候、农业生态、人口统计和社会分工，还是冲击、趋势和季节性等因素，

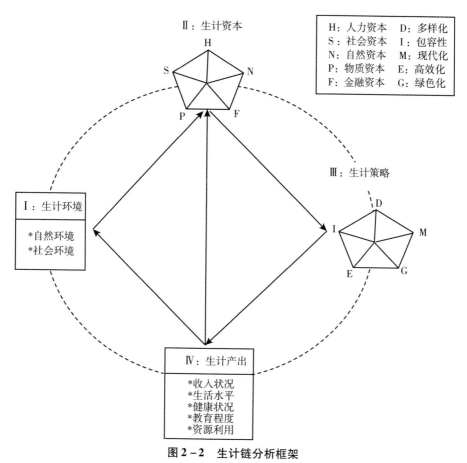

图2-2　生计链分析框架

资料来源：笔者自制。

归纳起来就是自然环境和社会环境。同我国经济巨大的地域差异是自然环境和
社会环境叠加的产物（厉以宁，2000）一样，农户生计的差异也是自然环境
和社会环境叠加的产物，所以我们将农户面临的生计环境概括为自然环境和社
会环境两个子要素。自然环境包括自然条件状况和自然灾害状况，自然条件状
况指农户开展生计活动所要面临的地形、气候、土壤、山林、河流等自然资源
以及生态环境和环境保护情况等，自然灾害指的是偶然发生的、会对农户生计
造成危害或冲击的自然现象，如干旱、洪涝、冰雹、大雪、沙尘暴、火山、地
震、山体崩塌、滑坡、泥石流、风暴、海啸、火灾等；社会环境包括经济状
况、政治状况、公共服务状况、文化状况和信息状况，涵盖了经济因素和非经
济因素。经济状况指的是农户参与生产、交换和消费等经济活动的情况。政治
状况指的是农户实现自己的政治权利、表达自己的政治愿望的情况。公共服务

状况指农户获得同等的公共服务机会的情况。文化状况指农户对主流文化或价值观适应情况，也指农户自身坚持或保有自己文化权利的情况。信息状况是指农户本身维持生计所必要的知识或信息的情况，也指农户获得相应知识或信息的机会或权力的情况。

二、生计资本

借鉴英国国际发展署（2000）对生计资本的概括，本书将生计资本概括为人力资本、自然资本、金融资本、物质资本和社会资本五个子要素。人力资本指的是贫困农户及其家庭成员的技术知识和技能的存量，表现为劳动能力、教育文化或职业技能等。自然资本指的是自然环境中所有有形的物质资料和由其产生的、无形的服务功能的集合，表现为农户所占有的耕地面积、林地面积等。金融资本指的是贫困农户拥有的存款、借贷资本、股权资本、风险资本以及金融支持等，表现为农户家庭拥有的现金或信贷资本等。物质资本指的是贫困农户通过劳动制造出来的中间产品，凝结生产要素（设备、生产工具等）的资本，主要表现为农户家庭的住房、财产等。社会资本指的是与贫困农户相关的社会网络、人际关系网络、社会资源等，主要表现为关系资本或政治资本等。

三、生计策略

对于生计策略的划分，不同的学者有不同的见解，伊恩·斯库恩斯（1998）将生计策略分为单一依靠农业生产的生计策略和多样化的生计策略。左停等（2011）将生计策略分为扩张型生计策略、集约化生计策略、多样化生计策略、迁移型生计策略。梁义成等（2011）认为多样化生计策略包括农业多样化和非农多样化。苏芳等（2013）认为生计策略包括出售资产、贷款、外出务工和减少消费。李聪等（2013）认为生计策略包括农林种植、家畜养殖、非农自营、外出务工。王慧军等（2014）将生计策略分为农业型生计活动和多样化生计活动。梁义成等（2014）认为生计策略的三大形成机制是多样化生计、农业要素投入、农业技术效率。王洒洒等（2014）认为生计策略包括生计多样化、农业扩大化和劳动集约度。张萍等（2014）将生计策略分为林业生计为主、非林为主。伍艳（2015）认为生计策略包括农业专业型和非农单一化。乐章等（2015）认为生计策略需要考虑就业行为和就业形式两个方面。史俊宏（2015）认为生计策略包括多样化策略、预防性策略、适时调整性策略。姚娟（2016）认为生计策略包括参与旅游业型、畜牧业型、旅游畜牧业型、其他非农牧业型。徐玮（2016）认为生计策略包括农业集约化或扩大化、生计多样化和迁移。朱建军等（2016）将生计策略分为非农收入主导型、务工主导型、兼业型。马志雄等（2016）将生计策略分为纯农户、兼业农户、名义农户、非农农户、无就业农户。黎洁（2016）将生计策略分为传统生计依赖型、非农专业化、补贴依赖型、多样化生计。乌云花等（2017）认为生计策略包括纯牧型和多样型。罗丞（2017）认为生计策略包括从事农业生产时间、从事家庭经营时间、外出务工时间、家庭照料时间和个人放松娱乐时间。蔡洁等（2017）将生计策略分为"兼业型"生计策略、"务工主导型"生计策略、"农业主导型"生计策略。刘自强等（2017）将农户生计策略分为纯农户（农业收入占农户总收入100%）、一兼户（有非农收入但农业收入占总收入50%以上的农户）和二兼户（有农业收入但非农收入占总收入50%～95%的农户）。吴园庭雁等（2017）认为生计策略包括纯农型（农业收入占比90%～100%）、农为主型（农业收入占比50%～90%）、非农为主型（农业收入占比10%～50%）、非农型（农业收入占比0～10%）等。苏芳等（2017）将生计策略分为以工资性收入为主、以家庭经营性收入为主、以工资性收入和家庭经营性收入组合为主。

本书认为生计策略是农户对资本利用的配置和经营活动组合的选择。重点考察农户生计策略的多样性、包容性、现代化、高效化、绿色化五个子要素的情况。生计策略的多样性是指农户在进行生计活动时，有多种不同的生计策略可以供其选择，具体表现为农户收入来源的渠道等。生计策略的包容性是指农户及其家庭成员在选择各种生计策略时是否具有平等的机会，或者某一生计策略被农户或家庭成员接受或执行的程度。生计策略的现代化是指农户所采用的生计策略与现代科技、文化、制度、管理方式的适应程度，以及农户生计活动的拓展程度。生计策略的高效化是指生计策略提高农户生计活动效率、改善机械化程度或者分工合作程度的情况。生计策略的绿色化是指生产活动中注重保护环境、减少污染的情况。

四、生计产出

伊恩·斯库恩斯（1998）认为生计产出包括增加劳动量、减少贫困、增加财富和能力、调整生计以提升抗脆弱性和恢复力、保障基础自然资源的可持续性。英国国际发展署（1999）认为生计产出包括更多的收入、改善了生活质量、减少了脆弱性、增强了食物安全、自然资源基础得到可持续的利用。苏芳等（2013）将生计产出归纳为增加收入和改善环境。石智雷（2014）等将生计产出分为人均粮食产量、人均总收入、人均农业多样化收入、人均非农收入、人均农业多样化收入占比、人均非农收入占比、外出子女提供的经济支持、不外出子女提供的日常照料支持。张玉钧等（2014）认为生计产出包括收入增加、福利提升、脆弱性降低、食物安全性提高和自然资源利用更加持续。徐玮（2016）认为生计产出包括人均粮食产量、人均总收入、人均农业多样化收入、人均非农收入、人均农业多样化收入占比、人均非农收入占比、不外出子女提供日常照料天数、外出子女提供的经济支持。本书认为生计产出指的是生计策略实现的结果，并将其概括为收入状况、生活水平、健康状况、教育程度、资源利用五个子要素。收入状况主要指现金或资本等收入是否增加；生活水平是指农户的饮食结构是否更加合理或文娱活动开展情况是否更加丰富。健康状况是指家庭成员的健康状况以及疾病的改善情况等。教育程度是指农户教育层次的提升以及技能技术水平的提升情况。资源利用是指农户对可利用的自然资源的利用情况。

第四节　生计链分析框架的环节与贫困类型

生计链分析框架的环节包括生计链单环节、生计链多环节、生计链全环节、生计链零环节。相应的贫困类型包括生计链单环节贫困、生计链多环节贫困、生计链全环节贫困以及生计链零环节贫困和隐生计链贫困，具体如表 2-1 所示。

表 2-1　　　　　　　　　　生计链环节及其贫困类型

生计链环节	生计链具体表现形式	贫困类型	贫困具体表现形式
生计链 单环节	生计环境链条	生计链 单环节贫困	生计环境主要素贫困
	生计资本链条		生计资本主要素贫困
	生计策略链条		生计策略主要素贫困
	生计产出链条		生计产出主要素贫困

续表

生计链环节	生计链具体表现形式	贫困类型	贫困具体表现形式
生计链多环节	生计环境－生计资本链条	生计链多环节贫困	生计环境－生计资本主要素贫困
	生计环境－生计策略链条		生计环境－生计策略主要素贫困
	生计环境－生计产出链条		生计环境－生计产出主要素贫困
	生计环境－生计资本－生计策略链条		生计环境－生计资本－生计策略主要素贫困
	生计环境－生计策略－生计产出链条		生计环境－生计策略－生计产出主要素贫困
	生计环境－生计资本－生计产出链条		生计环境－生计资本－生计产出主要素贫困
	生计资本－生计策略链条		生计资本－生计策略主要素贫困
	生计资本－生计产出链条		生计资本－生计产出主要素贫困
	生计策略－生计产出链条		生计策略－生计产出主要素贫困
	生计资本－生计策略－生计产出链条		生计资本－生计策略－生计产出主要素贫困
生计链全环节	生计环境－生计资本－生计策略－生计产出链条	生计链全环节贫困	生计环境－生计资本－生计策略－生计产出主要素贫困
生计链零环节	无	隐生计链贫困	生计环境、生计资本、生计策略、生计产出四个主要素都不贫困，但四个主要素的部分子要素贫困
		生计链零环节贫困	生计环境、生计资本、生计策略、生计产出四个主要素都不贫困，且四个主要素的子要素也不贫困

资料来源：笔者自制。

一、生计链单环节和贫困类型

生计链单环节是指生计链中的单个主要素，包括生计环境、生计资本、生计策略和生计产出。生计链单环节对应的生计链单环节贫困类型包括生计环境主要素贫困、生计资本主要素贫困、生计策略主要素贫困和生计产出主要素贫困。

（一）生计环境主要素贫困类型

生计环境主要素贫困主要关注贫困农户所处的生计环境，主要表现为自然环境和社会环境两个子要素，这两个子要素贫困情况的相互组合会产生不同的生计环境主要素贫困类型。依据自然环境和社会环境子要素贫困和不贫困的情况，可以得到 4 种组合，如图 2-3 所示。其中③这种组合的生计环境较好，即"社会环境子要素不贫困-自然环境子要素不贫困"。而②、④这两种组合的生计环境主要素贫困情况一般，分别是"社会环境子要素不贫困-自然环境子要素贫困"和"社会环境子要素贫困-自然环境子要素不贫困"。生计环境主要素情况最差的是①这种组合，即"社会环境子要素贫困-自然环境子要素贫困"。

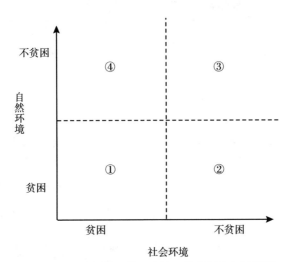

图 2-3　生计链单环节：生计环境主要素贫困类型

资料来源：笔者自制。

（二）生计资本主要素贫困类型

生计资本由人力资本、自然资本、金融资本、物质资本和社会资本 5 个要素构成，这 5 个子要素的贫困情况相互组合可以形成不同的生计资本主要素贫困类型。依据人力资本、自然资本、金融资本、物质资本和社会资本子要素贫困与不贫困情况，可以得到很多组合。根据图 2-4，每一个子要素从原点 o1 由低到高延伸，每一个子要素与原点 o1 的距离表明该子要素的贫困程度，离 o1 越远，表明该子要素资本越不贫困。其中 a1b1c1d1e1 区域代表的贫困组合是"人力资本子要素贫困-自然资本子要素贫困-金融资本子要素贫困-物质

资本子要素 – 社会资本子要素贫困"，属于最严重的生计资本主要素贫困类型；
5 个子要素中有任意 4 个子要素位于 a1b1c1d1e1 区域中的组合属于特别严重的
生计资本主要素贫困类型，例如"人力资本子要素贫困 – 自然资本子要素贫
困 – 金融资本子要素贫困 – 物质资本子要素贫困 – 社会资本不贫困"；5 个子
要素中有任意 3 个子要素位于 a1b1c1d1e1 区域的组合属于非常严重的生计资
本主要素贫困类型，例如"人力资本子要素贫困 – 自然资本子要素贫困 – 金融
资本子要素贫困 – 物质资本子要素不贫困 – 社会资本子要素不贫困"；5 个子
要素中有任意 2 个子要素位于 a1b1c1d1e1 区域的组合属于较为严重的生计资
本主要素贫困类型，例如"人力资本子要素贫困 – 自然资本子要素贫困 – 金融
资本子要素不贫困 – 物质资本子要素不贫困 – 社会资本子要素不贫困"；5 个
子要素中有任意 1 个子要素位于 a1b1c1d1e1 区域的组合属于一般严重的生计
资本主要素贫困类型，例如"人力资本子要素贫困 – 自然资本子要素不贫困 –
金融资本子要素不贫困 – 物质资本子要素不贫困 – 社会资本子要素不贫困"；5
个子要素中没有子要素位于 a1b1c1d1e1 区域的组合说明生计资本主要素不贫
困，例如"人力资本子要素不贫困 – 自然资本子要素不贫困 – 金融资本子要素
不贫困 – 物质资本子要素不贫困 – 社会资本子要素不贫困"。

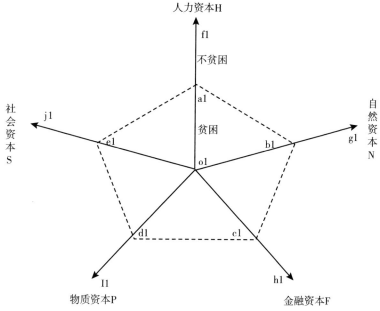

图 2 – 4　生计链单环节：生计资本主要素贫困类型

资料来源：笔者自制。

（三）生计策略主要素贫困类型

生计策略由多样化、包容性、现代化、高效化和绿色化5个子要素构成，这5个子要素贫困情况的相互组合，可以形成不同的生计策略主要素贫困类型。依据多样化、包容性、现代化、高效化和绿色化子要素贫困和不贫困情况，我们可以得到很多组合。根据图2-5，每一个子要素从原点o2由低到高延伸，每一个子要素与原点o2的距离表明了该子要素的贫困程度，离o2越远，表明该子要素越不贫困。其中a2b2c2d2e2区域代表的贫困组合是"多样化子要素贫困－包容性子要素贫困－现代化子要素贫困－高效化子要素贫困－绿色化子要素贫困"，这属于最严重的生计策略主要素贫困类型；5个子要素中有任意4个子要素位于a2b2c2d2e2区域中的组合属于特别严重的生计策略主要素贫困类型，例如"多样化子要素贫困－包容性子要素贫困－现代化子要素贫困－高效化子要素贫困－绿色化子要素不贫困"；5个子要素中有任意3个子要素位于a2b2c2d2e2区域的组合属于非常严重的生计策略主要素贫困类型，例如"多样化子要素贫困－包容性子要素贫困－现代化子要素贫困－高效化子要素不贫困－绿色化子要素不贫困"；5个子要素中有任意2个子要素位于a2b2c2d2e2区域的组合属于较为严重的生计策略主要素贫困类型，例如"多

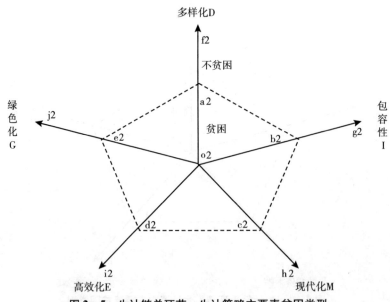

图2-5　生计链单环节：生计策略主要素贫困类型

资料来源：笔者自制。

样化子要素贫困－包容性子要素贫困－现代化子要素不贫困－高效化子要素不贫困－绿色化子要素不贫困";5 个子要素中有任意 1 个子要素位于 a2b2c2d2e2 区域的组合属于一般严重的生计策略主要素贫困类型,例如"多样化子要素贫困－包容性子要素不贫困－现代化子要素不贫困－高效化子要素不贫困－绿色化子要素不贫困";5 个子要素中没有子要素位于 a2b2c2d2e2 区域的组合说明生计策略主要素不贫困,例如"多样化子要素不贫困－包容性子要素不贫困－现代化子要素不贫困－高效化子要素不贫困－绿色化子要素不贫困"。

(四) 生计产出主要素贫困类型

生计产出由收入状况、生活水平、健康状况、教育程度和资源利用 5 个子要素构成,这 5 个子要素贫困情况的相互组合可以形成不同的生计产出主要素贫困类型。依据收入状况、生活水平、健康状况、教育程度和资源利用子要素贫困和不贫困的情况,可以得到很多组合。根据图 2－6,每一个子要素从原点 o3 由低到高延伸,每一个子要素与原点 o3 的距离表明了该子要素的贫困程度,离 o3 越远,表明该子要素越不贫困。其中 a3b3c3d3e3 区域代表的贫困组合是"收入状况子要素贫困－生活水平子要素贫困－健康状况子要素贫困－教育程度子要素贫困－资源利用子要素贫困",这属于最严重的生计产出主要素贫困类型;5 个子要素中有任意 4 个子要素位于 a3b3c3d3e3 区域中的组合属于特别严重的生计产出主要素贫困类型,例如"收入状况子要素贫困－生活水平子要素贫困－健康状况子要素贫困－教育程度子要素贫困－资源利用子要素不贫困";5 个子要素中有任意 3 个子要素位于 a3b3c3d3e3 区域的组合属于非常严重的生计产出主要素贫困类型,例如"收入状况子要素贫困－生活水平子要素贫困－健康状况子要素贫困－教育程度子要素不贫困－资源利用子要素不贫困";5 个子要素中有任意 2 个子要素位于 a3b3c3d3e3 区域的组合属于较为严重的生计产出主要素贫困类型,例如"收入状况子要素贫困－生活水平子要素贫困－健康状况子要素不贫困－教育程度子要素不贫困－资源利用子要素不贫困";5 个子要素中有任意 1 个子要素位于 a3b3c3d3e3 区域的组合属于一般严重的生计产出主要素贫困类型,例如收入状况子要素贫困－生活水平子要素不贫困－健康状况子要素不贫困－教育程度子要素不贫困－资源利用子要素不贫困;5 个子要素中没有子要素位于 a3b3c3d3e3 区域的组合说明生计产出主要素不贫困,例如"收入状况子要素不贫困－生活水平子要素不贫困－健康状况子要素不贫困－教育程度子要素不贫困－资源利用子要素不贫困"。

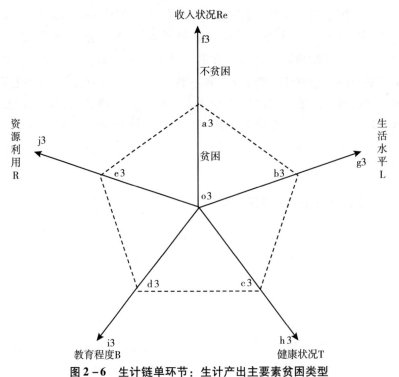

图 2 - 6　生计链单环节：生计产出主要素贫困类型

资料来源：笔者自制。

二、生计链多环节和贫困类型

生计链多环节是指包含生计链的两个或三个主要素环节。生计链多环节贫困是指生计链两个或三个主要素环节之间耦合失调的现象。如生计链中生计环境和生计资本都不贫困，但生计策略和生计产出受到严重制约而导致贫困。生计链多环节主要包括"生计环境－生计资本"链条、"生计环境－生计策略"链条、"生计环境－生计产出"链条、"生计环境－生计资本－生计策略"链条、"生计环境－生计策略－生计产出"链条、"生计环境－生计资本－生计产出"链条、"生计资本－生计策略"链条、"生计资本－生计产出"链条、"生计策略－生计产出"链条、"生计资本－生计策略－生计产出"链条十种类型。对应的生计链多环节贫困类型又可以分为两环节贫困类型和三环节贫困类型，两环节贫困类型包括"生计环境－生计资本"主要素贫困、"生计环境－生计策略"主要素贫困、"生计环境－生计产出"主要素贫困、"生计资本－生计策略"主要素贫困、"生计资本－生计产出"主要素贫困、"生计策略－生计产出"主

要素贫困；三环节贫困类型包括"生计环境 – 生计资本 – 生计策略"主要素
贫困、"生计环境 – 生计策略 – 生计产出"主要素贫困、"生计环境 – 生计资
本 – 生计产出"主要素贫困、"生计资本 – 生计策略 – 生计产出"主要素贫
困。具体情况如图 2 – 7 所示，在立体坐标系中，两个或三个生计链主要素贫
困类型的组合即为生计链多环节贫困。

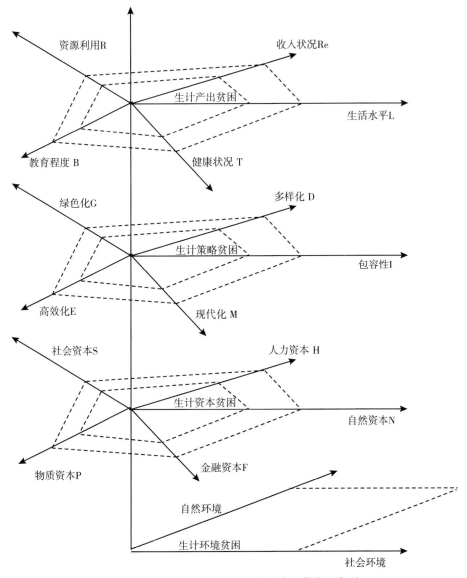

图 2 – 7　生计链多环节与生计链全环节贫困类型

资料来源：笔者自制。

三、生计链全环节与贫困类型

生计链全环节是指包含生计链所有主要素环节，即生计环境、生计资本、生计策略和生计产出链条。对应的生计链全环节贫困类型包括："生计环境 - 生计资本 - 生计策略和生计产出"主要素贫困，即表明生计环境、生计资本、生计策略和生计产出四个主要素都贫困。如图 2 - 7 所示，在立体坐标系中，所有生计链主要素贫困类型的组合，即为生计链全环节贫困。

四、生计链零环节与贫困类型

生计链零环节是指不包括生计链中的任何主要素。其对应的贫困类型包括两种，一种是隐生计链贫困；另一种是生计链零环节贫困。隐生计链贫困是指生计链中的任何主要素都不贫困，即生计环境、生计资本、生计策略和生计产出都不贫困，但这些主要素的子要素有部分处于贫困状态，比如说某个农户生计链四个主要素都不贫困，但是生计资本的子要素人力资本处于贫困状态，这时我们就认为该农户的贫困类型为隐生计链贫困。生计链零环节贫困就是指生计链的四个主要素都不贫困，且生计链四个主要素的子要素也不贫困。

第五节　生计链分析框架各要素的测度

为了便于对生计链类型进行判断，我们可以对生计链进行测度。生计链的测度步骤包括确定生计链各要素的访谈问项、问项赋值和各要素的权重，生计链各要素贫困指数的计算，总体贫困状况的识别，要素贫困状况的识别，贫困类型的判断。

一、生计链各要素的访谈问项、问项赋值和各要素的权重

（一）生计环境主要素的测度

生计环境主要素包括自然环境和社会环境两个子要素。自然环境子要素设置了自然条件状况和自然灾害状况两个观测要素，其中自然条件状况观测要素

主要考察农户的住房及耕地、林地的坡度，自然灾害状况观测要素主要考察农户经济活动遭受各种自然灾害的频率。社会环境子要素设置了经济状况、政治状况、公共服务状况、文化状况和信息状况五个观测要素，其中经济状况主要考察农户家里经济活动参与市场程度以及农户家里是否购买了相关保险（如农业保险、商业保险等）；政治状况主要考察农户近三年是否参与过组上或村里产业发展决策以及家人看（听）中央新闻或地方新闻的频率；公共服务状况主要考察是否参加了新农村合作医疗保险；文化状况主要考察近三年来家人参加村里举办各种文化活动的频率以及农户看待自己民族文化的态度；信息状况主要考察农户的家庭成员对政府的扶贫政策等了解的渠道及程度。生计环境子要素和观测要素的权重的确定方式是：首先通过邀请本领域有经验的专家（包括高校中从事相关研究的学者和在一线从事扶贫工作的干部等）以及农户对子要素和观测要素权重进行打分，初步确定各子要素和观测要素的权重，经过多次的访谈和反馈后，最终得到统一的意见。生计环境主要素的具体访谈问项、问项赋值和各要素的权重如表 2－2 所示。

表 2－2　　生计环境主要素的具体访谈问项、问项赋值和各要素的权重

主要素	子要素/权重	观测要素/权重	访谈问项及问项答案赋值
生计环境 LE	自然环境 NE/0.5	自然条件状况 NE1/0.5	住房及耕地、林地的坡度：30 度以上（不包含 30 度）赋值 1；15～30 度赋值 2；5～15 度赋值 3；5 度以下（包含 5 度）赋值 4
		自然灾害状况 NE2/0.5	经济活动遭受各种自然灾害的频率：1 年多次赋值 1；1 年 1 次赋值 2；2 年 1 次赋值 3；很少赋值 4
	社会环境 SE/0.5	经济状况 SE1/0.2	A. 家里经济活动参与市场程度：完全自给自足赋值 0；把多余的粮食、蔬菜等卖掉补贴家用赋值 1；根据市场需要在自家的土地上进行农作物种植和养殖赋值 2；承包土地或其他资源进行产业化发展赋值 3 B. 家里是否购买了相关保险（如农业保险、商业保险等）：没有购买赋值 0；购买了赋值 1 该项总得分等于 A×0.5＋B×0.5
		政治状况 SE2/0.2	A. 近三年是否参与过组上或村里产业发展决策：从没参加过赋值 0；参加过但没发表意见赋值 1；参加过且发表意见赋值 2 B. 家人看（听）中央新闻或地方新闻的频率：从不看赋值 0；偶尔看赋值 1；经常看赋值 2；每天都看赋值 3 该项总得分等于 A×0.5＋B×0.5

续表

主要素	子要素/权重	观测要素/权重	访谈问项及问项答案赋值
生计 环境 LE	社会环境 SE/0.5	公共服务状况 SE3/0.2	是否参加了新农村合作医疗保险：没有参加赋值 0；参加了赋值 1
		文化状况 SE4/0.2	A. 近三年来家人参加村里举办各种文化活动的频率：从没有赋值 0；3 次以下（包含 3 次）赋值 1；3～9 次赋值 2；9 次以上（不包含 9 次）赋值 3 B. 看待自己民族文化的态度：落后需要革新赋值 0；和现代文明存在一定冲突赋值 1；与现代文明契合赋值 2 该项总得分等于 A×0.5 + B×0.5
		信息状况 SE5/0.2	您及家人对政府的扶贫政策等了解的渠道及程度：道听途说，不了解赋值 0；外部扶贫者的宣传，有一定了解赋值 1；自己看电视等，一般了解赋值 2；村里开会传达，比较了解赋值 3

资料来源：笔者自制。

（二）生计资本主要素的测度

生计资本主要素包括人力资本、社会资本、自然资本、物质资本和金融资本 5 个子要素。人力资本子要素设置了劳动能力、教育文化和职业技能三个观测要素，其中劳动能力观测要素主要考察农户家庭成员劳动能力；教育文化观测要素主要考察平均受教育年限；职业技能观测要素主要考察农户家庭成员的职业技能。社会资本子要素设置了关系资本和政治资本两个观测要素，其中关系资本观测要素主要考察农户亲戚居住城镇情况和农户与村民交往情况；政治资本观测要素主要考察农户直系亲属、亲戚是否担任村干部、家庭成员是否加入了合作社或其他相关组织和农户家庭成员中是否有党员。自然资本子要素设置了耕地面积和林地面积两个观测要素，其中耕地面积观测要素主要考察人均耕地面积；林地面积主要考察人均林地面积。物质资本子要素设置了燃料使用、居住情况和拥有财产三个观测要素，其中燃料使用观测要素主要考察农户使用的主要燃料；居住情况观测要素主要考察农户住房结构和人均住房面积；拥有财产观测要素主要考察农户生产性资产拥有情况和农户耐用消费品拥有情况。金融资本子要素设置了现金量和信贷资本两个观测要素，其中现金量观测要素主要考察家庭年现金收入；信贷资本观测要素主要考察农户是否能从银行贷款、农户是否能从亲戚朋友处借钱以及农户是否有钱借给亲戚和朋友。生计资本子要素和观测要素权重的确定方式是：首先通过邀请本领域有经验的专家（包括高校中从事相关研究的学者和在一线从事扶贫工作的干部等）以及农户对子要素和观测要素权重进行打分，初步确定各子要素和观测要素的权重，经过多次的访谈和反馈后，最终得到统一的意见。生计资本主要素的具体访谈问项、问项赋值和各要素的权重如表2-3所示。

表2-3　　　生计资本主要素的具体访谈问项、问项赋值和各要素的权重

主要素	子要素/权重	观测要素/权重	访谈问项及问项答案赋值
生计资本 LA	人力资本 H/0.2	劳动能力 H1/0.4	劳动能力：有9岁以下、70岁以上或完全不能参加劳动的病人1人赋值0；有10~14岁或60~70岁能参加劳动的半劳动力1人赋值1；有15~60岁的健康劳动力1人赋值2 总得分等于健康劳动力人数乘以赋值、半劳动力人数乘以赋值、无劳动力人数乘以赋值的得分之和
		教育文化 H2/0.3	平均受教育年限
		职业技能 H3/0.3	职业技能：农业劳动力（主要从事农业经营的劳动者）赋值1；非农业劳动力（从事非农业劳动经营，或有一定的手艺，经济从事非农生计活动）赋值2；受雇用劳动力（长期受雇于企业主，有较为稳定的收入者）赋值3；有正式岗位劳动力（与务农家属一起居住在农村，在非企业组织供职的劳动者）赋值4 总得分等于农业劳动力人数乘以赋值、非农业劳动力人数乘以赋值、受雇用劳动力人数乘以赋值、有正式岗位劳动力乘以赋值的得分之和
	社会资本 S/0.2	关系资本 S1/0.5	A. 亲戚居住城镇情况：没有赋值0；有但几乎没有联系赋值1；有且联系比较多赋值2 B. 与村民交往情况：5户以下（包含5户）赋值1；5~10户赋值2；10~15户赋值3；15户以上（不包含15户）赋值4 该项总得分等于A×0.5+B×0.5
		政治资本 S2/0.5	A. 直系亲属、亲戚是否担任村干部情况：没有赋值0；有但几乎没有往来赋值1；有且有一定联系赋值2 B. 家庭成员是否加入了合作社或其他相关组织：没有参加赋值0；参加了赋值1 C. 是否有党员：没有赋值0；有赋值1 总得分为三项得分之和，该项总得分等于A×1/3+B×1/3+C×1/3

续表

主要素	子要素/权重	观测要素/权重	访谈问项及问项答案赋值
生计资本 LA	自然资本 N/0.2	耕地面积 N1/1/3	人均耕地面积（公顷）
		林地面积 N2/1/3	人均林地面积（公顷）
	物质资本 P/0.2	燃料使用 P1/0.3	使用的主要燃料：柴草赋值 1；煤球赋值 2；沼气赋值 3；液化气赋值 4；电赋值 5；太阳能赋值 6 总得分等于各项得分之和
		居住情况 P2/0.4	A. 住房结构：危房、非砖瓦和木质墙体、人畜共住房等赋值 1；20 年以上的住房但房屋状况良好赋值 2；20 年内的砖瓦房或木质结构房赋值 3；10 年内新建的砖瓦房或木质结构赋值 4 B. 人均住房面积：15 平方米以下（包含 15 平方米）赋值 1；15～30 平方米赋值 2；30～40 平方米赋值 3；40 平方米以上（不包含 40 平方米）赋值 4 该项总得分等于 A×0.5 + B×0.5
		拥有财产 P3/0.3	A. 生产性资产拥有情况：没有赋值 0；抽水机赋值 1；打米机赋值 2；收割机赋值 3；三轮车或农用车辆（含货车）赋值 4；经营店面赋值 5；总得分等于各项得分之和 B. 耐用消费品拥有情况：热水器赋值 1；手机/座机赋值 2；电视机赋值 3；洗衣机赋值 4；电冰箱赋值 5；空调赋值 6；组合家具赋值 7；车（摩托车、面包车或轿车等）赋值 8 该项总得分等于 A×0.5 + B×0.5
	金融资本 F/0.2	现金量 F1/0.7	家庭年现金收入（元）
		信贷资本 F2/0.3	A. 能从银行贷到款：不能赋值 0；没贷过赋值 1；能赋值 2 B. 能从亲戚朋友处借到款：不能赋值 0；不知道赋值 1；能赋值 2 C. 是否有钱借给亲戚或朋友：完全没有赋值 0；有一点赋值 1 该项总得分等于 A×1/3 + B×1/3 + C×1/3

资料来源：笔者自制。

（三）生计策略主要素的测度

生计策略主要素主要包括多样化、包容性、现代化、高效化和绿色化 5 个子要素。对于多样化子要素设置了收入来源渠道作为观测要素，主要考察农户的收入来源渠道。对于包容性子要素设置了家庭成员参加工作情况作为观测要素,主要考察农户家庭成员是否有事可做。对于现代化子要素设置了生计活动扩展程度作为观测要素,主要考察农户生计活动从传统内容拓展到农业、工业和服务业等现代化部分和环节的情况。对于高效化子要素设置了机械化、分工合作程度作为观测要素,主要考察农户生产活动中机械化程度和分工合作程度。对于绿色化子要素设置了环境保护情况作为观测要素,主要考察农户生产活动中保护环境和减少污染的情况。生计策略子要素和观测要素权重的确定方式是:首先通过邀请本领域有经验的专家(包括高校中从事相关研究的学者和在一线从事扶贫工作的干部等)以及农户对子要素和观测要素权重进行打分,初步确定各子要素和观测要素的权重,经过多次的访谈和反馈后,最终得到统一的意见。生计策略主要素的具体访谈问项、问项赋值和各要素的权重如表2-4所示。

表2-4　　生计策略主要素的具体访谈问项、问项赋值和各要素的权重

主要素	子要素/权重	观测要素/权重	访谈问项及问项答案赋值
生计策略 LS	多样化 D/0.2	收入来源的渠道 D1/1	收入来源的渠道:农户收入渠道数量占所有选项种类数的比例(%)
	包容性 I/0.2	家庭成员参加工作情况 I1/1	劳动力都有事可做:完全不同意赋值0;不同意赋值1;基本不同意赋值2;基本同意赋值3;同意赋值4;完全同意赋值5
	现代化 M/0.2	生计活动扩展程度 M1/1	生计活动从传统的内容拓展到农业、工业和服务业等现代化部门和环节:完全不同意赋值0;不同意赋值1;基本不同意赋值2;基本同意赋值3;同意赋值4;完全同意赋值5
	高效化 E/0.2	机械化、分工合作程度 E1/1	生产活动中机械化程度更高了,分工合作程度也得到了提升:完全不同意赋值0;不同意赋值1;基本不同意赋值2;基本同意赋值3;同意赋值4;完全同意赋值5
	绿色化 G/0.2	环境保护情况 G1/1	生产活动中更加注重保护环境、减少污染:完全不同意赋值0;不同意赋值1;基本不同意赋值2;基本同意赋值3;同意赋值4;完全同意赋值5

资料来源:笔者自制。

(四) 生计产出主要素的测度

生计产出主要素包括收入状况、生活水平、健康状况、教育程度和资源利用5个子要素。对于收入状况子要素设置了收入充裕情况作为观测要素,主要考察农户家庭可支配收入的充裕程度。对于生活水平子要素设置了饮食结构改善、文娱活动开展情况作为观测要素，主要考察农户家庭成员生活水平和饮食结构。对于健康状况子要素设置了健康改善情况作为观测要素，主要考察家庭成员原有病情得到控制和治疗情况以及健康状况改善情况。对于教育程度子要素设置了教育层次、技能技术提升情况作为观测要素，主要考察农户家庭成员教育层次和技能技术情况。对于资源利用子要素设置了自然资源开发利用情况作为观测要素，主要考察农户耕地、林地等资源的开发和利用情况。生计产出子要素和观测要素权重的确定方式是：首先通过邀请本领域有经验的专家（包括高校中从事相关研究的学者和在一线从事扶贫工作的干部等）以及农户对子要素和观测要素权重进行打分，初步确定各子要素和观测要素的权重，经过多次的访谈和反馈后，最终得到统一的意见。生计产出主要素的具体访谈问项、问项赋值和各要素的权重如表2-5所示。

表2-5　　　生计产出主要素的具体访谈问项、问项赋值和各要素的权重

主要素	子要素/权重	观测要素/权重	访谈问项及问项答案赋值
生计产出 LO	收入状况 Re/0.2	收入充裕情况 Re1/1	家庭可支配的收入更加充裕，有更多的闲钱：完全不同意赋值0；不同意赋值1；基本不同意赋值2；基本同意赋值3；同意赋值4；完全同意赋值5
	生活水平 L/0.2	饮食结构改善、文娱活动开展情况 L1/1	家庭成员生活水平得到了提高，饮食结构得到了改善，文娱活动更加丰富：完全不同意赋值0；不同意赋值1；基本不同意赋值2；基本同意赋值3；同意赋值4；完全同意赋值5
	健康状况 T/0.2	健康改善情况 T1/1	家庭成员原有病情得到了控制和治疗，健康状况得到了改善：完全不同意赋值0；不同意赋值1；基本不同意赋值2；基本同意赋值3；同意赋值4；完全同意赋值5
	教育程度 B/0.2	教育层次、技能技术提升情况 B1/1	家庭成员教育层次、技能技术得到了提升：完全不同意赋值0；不同意赋值1；基本不同意赋值2；基本同意赋值3；同意赋值4；完全同意赋值5
	资源利用 R/0.2	自然资源开发利用情况 R1/1	耕地、林地等资源的开发和利用等得到了优化：完全不同意赋值0；不同意赋值1；基本不同意赋值2；基本同意赋值3；同意赋值4；完全同意赋值5

资料来源：笔者自制。

二、生计链各要素贫困指数的计算

根据访谈得到的原始数据，按照问项赋值和各观测要素权重计算出生计环境、生计资本、生计策略和生计产出四个主要素包含的子要素的得分，同时由于生计环境、生计资本、生计策略和生计产出各子要素具有不同的量纲和变化区间，为了使数据具有可比性，且不改变子要素之间的相关关系，对子要素的统计值进行标准化处理，采用了极差标准化方法（史俊宏，2015；石智雷等，2014；黄承伟等，2011；师学萍等，2016；万婷等，2015；李聪等，2010；杜本峰等，2015；何昭丽等，2017；李聪等，2014；杨世龙等，2016）。具体公式为：

$$Z_{ij} = \frac{X_{ij} - minX_{ij}}{maxX_{ij} - minX_{ij}} \qquad (2-1)$$

式（2-1）中，Z_{ij}为第 i 个样本中第 j 个指标的极差标准化之后的数值；X_{ij}为第 i 个样本中第 j 个指标的实际值；$maxX_{ij}$为第 i 个样本中第 j 指标的最大值；$minX_{ij}$为第 i 个样本中第 j 个指标的最小值。经过标准化的数据，数据值都介于 0~1，因此更具有可比性，有利于比较分析。数值越趋于 1，说明指标水平越高；数值越趋于 0，说明指标水平越低（徐定德等，2015；赵立娟，2014）。

按照各子要素的权重，根据标准化后的子要素得分，先计算生计环境、生计资本、生计策略和生计产出四个主要素的贫困指数，再计算农户的贫困诊断识别指数。具体计算公式如下：

$$LE = 0.5NE + 0.5SE \qquad (2-2)$$
$$LA = 0.2H + 02S + 0.2N + 0.2P + 0.2F \qquad (2-3)$$
$$LS = 0.2D + 0.2I + 0.2M + 0.2E + 0.2G \qquad (2-4)$$
$$LO = 0.2Re + 0.2L + 0.2T + 0.2B + 0.2R \qquad (2-5)$$
$$PDII = LE + LA + LS + LO \qquad (2-6)$$

其中，LE 表示生计环境主要素贫困指数，NE 表示自然环境，SE 表示社会环境；LA 表示生计资本主要素贫困指数，H 表示人力资本，S 表示社会资本，N 表示自然资本，P 表示物质资本，F 表示金融资本；LS 表示生计策略主要素贫困指数，D 表示多样化，I 表示包容性，M 表示现代化，E 表示高效化，G 表示绿色化；LO 表示生计产出主要素贫困指数，Re 表示收入状况，L 表示生活水平，T 表示健康状况，B 表示教育程度，R 表示资源利用；PDII 表示贫困诊断识别指数。

三、总体贫困状况的识别

计算出各样本农户的 PDII 值，确定贫困户识别的临界值。根据何仁伟等（2017）的研究，未设定明确的贫困识别指数临界值作为识别贫困户的具体判断标准，而是先依据贫困识别指数大小对贫困程度进行排序，根据排序结果，结合实际情况，识别出贫困户①。丁建军等（2018）则选择 1/3 作为识别贫困户的指数临界值。因此，根据以往研究，结合实际情况取 PDII 指数最大值的 1/2 作为识别贫困户的临界值，即若农户的 PDII 值在 PDII 最大值的 1/2 以下（不包括 1/2），则识别为贫困户。因所有变量都已经经过标准化，每个变量的取值范围在 0 ~ 1，所以 PDII 的取值范围在 0 ~ 4，即 PDII 值在 2 以下（不包括 2）的识别为贫困户。

四、要素贫困状况的识别

对于要素贫困状况的识别，同样取子要素得分或主要素指数最大值的 1/2 作为判断贫困的临界值。因所有变量都已经经过标准化，每个子要素的取值范围在 0 ~ 1，取 1/2 为临界值，各子要素得分在临界值 1/2 以下（不包括 1/2），则识别为子要素贫困。同时，主要素指数的取值范围也在 0 ~ 1，取 1/2 为临界值，各主要素指数在临界值 1/2 以下（不包括 1/2），则识别为主要素贫困。

五、贫困类型的判断

根据所有子要素和主要素贫困的判断情况，结合农户贫困类型的划分，判断出每个农户的具体贫困类型。这些类型主要包括生计链单环节贫困、生计链多环节贫困、生计链全环节贫困，生计链零环节贫困。

---

① 何仁伟，李光勤，刘运伟，李立娜，方方. 基于可持续生计的精准扶贫分析方法及应用研究——以四川凉山彝族自治州为例 [J]. 地理科学进展，2017，36（2）：182 - 192.

本 章 小 结

本章首先结合研究的实际，对生计链概念进行了界定，对农户的概念、生计链的内涵、参与主体、特征、功能、类型进行了阐述。将生计链定义为农户在谋求可持续生计的过程中，生计环境、生计资本、生计策略和生计产出之间构成的、相互联结的网络。

其次，阐述生计链的贫困形成机理，认为农户贫困陷阱的形成，从生计链的角度来看，通常表现为生计链条上生计环境、生计资本、生计策略和生计产出四个主要素的"负向循环积累"以及造成四个主要素"负向循环积累"的四个效应之间"负向相互强化"的过程。进而提出生计链的理论优势体现在生计链具有较为丰富的理论底蕴，是对农户生计的全面概括，且生计链可为扶贫实践提供解释范式、测度方法和化解路径。

再次，对构成生计链分析框架主要素生计环境、生计资本、生计策略和生计产出进行诠释。将农户面临的生计环境主要素概括为自然环境和社会环境两个子要素；将生计资本主要素概括为人力资本、自然资本、金融资本、物质资本和社会资本 5 个子要素；将生计策略主要素概括为多样性、包容性、现代化、高效化、绿色化 5 个子要素；将生计产出主要素概括为收入状况、生活水平、健康状况、教育程度、资源利用 5 个子要素。

然后，对生计链分析框架的环节与贫困类型进行了归纳，并对二者之间的对应关系进行详细的分析。生计链的环节包括生计链单环节、生计链多环节、生计链全环节、生计链零环节。相应的贫困类型包括生计链单环节贫困、生计链多环节贫困、生计链全环节贫困、隐生计链贫困与生计链零环节贫困。

最后，介绍生计链的测度方法及步骤。生计链的测度步骤包括确定生计链各要素的访谈问项、问项赋值和各要素的权重，计算生计链各要素的贫困指数，识别总体贫困状况，识别要素贫困状况，判断贫困类型。

第三章
L村生计链的历史与现状

第一节　L村生计链的历史

一、L村生计环境的历史

从自然环境角度来看，L村地势西南高，东北低，属高原山区地形。其所属市坐落在亚洲东部中低纬度季风区内，主要属于中亚热带山地季风湿润气候，光热资源比较丰富，降水充沛，无霜期长，有利于农、林、牧、副、渔的全面发展。温度由东北向西北递减，降水量递增，展现出多层次、多方向的立体气候结构，山区气候特色十分明显（吉首市农业区划委员会，1984）。四季分明，冬暖夏凉，春秋温和，冬长秋短，40°C以上的天气极少出现，按气候学划分为四季，10~22°C为春秋两季，高于22°C为夏季，低于10°C为冬季①。L村地处偏僻，交通不便，自然条件比较恶劣。从社会环境角度来看，作为一个偏远的山寨，政治因素对L村社会环境的演变影响非常大，具体体现为L村行政区划的沿革以及扶贫政策的实施。其中，行政区划的沿革可以看出L村的政治地位和重要程度，而扶贫政策的实施情况可以看出政府对L村的重视程度。通过对这些因素的分析，从侧面感受L村的经济状况、政治状况、公共服务状况、文化状况和信息状况等。L村的历史沿革经过梳理大致可以分为四个时期②：第一个时期是1956年以前，第二个时期是1956~1980年，第三个时期是1980~1984年，第四个时期是1984年以后。总体来看，L村地处偏

① 湖南省吉首市市志编纂委员会编 . 吉首市志 1989-2005 [M]. 北京：方志出版社，2012：39.
② 湖南省吉首市市志编纂委员会编 . 吉首市志 [M]. 长沙：湖南出版社，1996：66-73.

远，所处的地方在 1984 年并未建立单独的行政单位，而是作为其他行政单位的一部分存续。

另外，虽然 L 村扶贫开发历程的档案资料无法获取，但可以从 L 村所处吉首市的扶贫开发历程中窥探 L 村的扶贫开发历程。吉首市的扶贫历程大致可以分为五个阶段，分别是解决温饱阶段、"八七"扶贫攻坚阶段、定点扶贫阶段、整村推进阶段、精准扶贫阶段。

第一阶段：解决温饱阶段（1985~1993 年）。1986 年 4 月，国家制定了《中华人民共和国国民经济和社会发展第七个五年计划》，解决大多数贫困人口的温饱问题成为扶贫开发工作的重点。按照湖南省委和湘西自治州州委的统一部署，1990~1992 年，吉首市委抽调 1032 名干部职工组成社会主义思想教育工作队，分别进驻 192 个行政村、18 所学校、4 个居委会、7 家企业，向干部群众进行社会主义思想教育，为群众办实事。1990 年，社教工作队为民办实事 1918 件（次）。[①]

第二阶段："八七"扶贫攻坚阶段（1994~2000 年）。1994 年 3 月国家颁布了《国家八七扶贫攻坚计划》，标志着我国开始实施综合性扶贫战略。1994 年 12 月，吉首市委、市政府制订《吉首市扶贫攻坚计划》，采取"单位包村、党员干部包户、一定三年不变、不脱贫不脱钩"的措施开展扶贫攻坚工作。1997 年，启动扶贫攻坚计划，湖南省、湘西自治州、吉首市 84 个单位选派 542 名工作队员分三批进驻 14 个乡镇的 52 个贫困村，形成领导干部挂村、单位包村、工作队员驻村的扶贫格局。L 村属于 1997~2000 年吉首市第一轮 52 个贫困村定点扶贫村之一（湖南省吉首市市志编纂委员会，2012）。

第三阶段：定点扶贫阶段（2001~2004 年）。2000 年 12 月底，湖南省、湘西自治州直属 14 家单位共派出 27 名工作队员，组成 9 个工作组进驻市域 9 个特困村，市直各单位选派 65 名工作队员组成 20 个工作组进驻 20 个特困村，中共吉首市委、市政府还选派 24 名干部进驻 10 个边远特困村（吉首市人民政府办公室等，2002）。2003 年，湖南省、湘西自治州、吉首市共从 89 个单位抽调 102 名干部组成 35 个工作组，进驻全市 12 个乡镇的 35 个扶贫开发重点村（含 10 个边远特困村）。2003 年共为吉首市 35 个扶贫村投入各类资金 886 万元（含物质折价），每村平均 25.3 万元。全市 35 个扶贫村人均产粮 345 公

---

① 湖南省吉首市市志编纂委员会编. 吉首市志 1989-2005 [M]. 北京：方志出版社，2012：353-359.

斤（含退耕还林补助部分），人均纯收入 1050 元，较上年增加 148 元，有 3600 多贫困人口解决温饱（吉首市人民政府办公室等，2004）。2004 年湖南省、湘西自治州、吉首市从 89 个单位抽调 103 名干部组成 35 个工作组，进驻全市 12 个乡镇的 35 个扶贫开发重点村（含 10 个边远特困村）。工作重点是基层组织建设、基础设施建设、科教兴村和产业开发等。2003 年共为吉首市 35 个扶贫村投入各类资金 651.7 万元（含物质折价）。全市 35 个扶贫村每人平均产粮 352 公斤（含国家退耕还林补助部分），人均纯收入 1202 元，较上年增加 152 元，有 3800 人摆脱贫困（吉首市人民政府办公室等，2005）。L 村属于 2001～2004 年吉首市第二轮 365 个特困村定点扶贫村之一（湖南省吉首市市志编纂委员会，2012）。

第四阶段：整村推进阶段（2005～2012 年）。2005 年是吉首市首轮整村推进建整扶贫工作的开局年。湖南省、湘西自治州、吉首市从 82 个单位抽调 96 名干部组成 35 个工作组，进驻吉首市 10 个乡镇的 35 个扶贫开发重点村（含 10 个边远特困村、3 个市定贫困村）开展扶贫工作，工作重点是解决贫困村群众行路难、饮水难、求学难、住房难、用钱难等问题（吉首市人民政府办公室，2006）。2006 年的建整扶贫和社会主义新农村建设工作共为吉首市 25 个扶贫村投入各类资金 705.3 万元（含物质折价），每村平均 28.2 万元。25 个扶贫村人均产粮 365 公斤，人均纯收入 1692 元，为 4800 多名贫困人口解决温饱问题（吉首市人民政府办公室等，2007）。2007 年，湖南省、湘西自治州、吉首市、各乡（镇）四级包村单位共计抽调 121 名党员干部，组成 29 个工作组，进驻全市 12 个乡镇的 29 个村（其中 27 个整村推进村，2 个示范村），2007 年共计投入各类扶贫资金（含物质折价）1487 万元（吉首市人民政府办公室等，2008）。2008 年，湖南省、湘西自治州、吉首市 83 个单位共计抽调 90 名干部组成 29 个工作组，进驻吉首市 12 个乡镇的 29 个村开展建整扶贫和社会主义新农村建设工作（吉首市人民政府办公室等，2009）。2009 年，湖南省、湘西自治州、吉首市、乡四级包村单位共计抽调 77 名党员干部，组成 24 个工作组，进驻全市 12 个乡镇的 24 个村（其中 20 个整村推进村，2 个市直扶贫村，1 个示范村，1 个维稳村），2009 年落实并实施项目 168 个，投入各类扶贫资金 2134.45 万元（吉首市人民政府办公室等，2010）。2010 年，湖南省、湘西自治州、吉首市三级包村单位共计抽调 95 名党员干部组成 24 个工作队，进驻全市 12 个乡镇的 24 个村（其中 20 个整村推进村，2 个市直扶贫村，1 个示范村，1 个维稳村），全年落实并实施项目 175 个，投入各类扶贫资金 2416.798 万元（吉首市人民政府办公室等，2011）。2011年，湖南省、湘西自治州、吉首市三级包村单位抽调90名党员干部组成25个工作组进驻全市13个乡镇（街道）的25个村，2011年共落实并实施基础设施、人畜饮水、产业开发、养殖业、种植业等项目122个，投入各类扶贫资金3706.3万元（吉首市人民政府办公室等，2012）。2012年，湖南省、湘西自治州、吉首市三级包村单位抽调91名党员干部组成25个工作组进驻全市25个贫困村开展扶贫工作，全年共落实并实施基础设施、人畜饮水、产业开发、社会事业、养殖业等项目186个，投入各类扶贫资金7037万元（吉首市人民政府办公室等，2013）。

第五阶段：精准扶贫阶段（2013年至今）。2013年开始，国家开始实施精准扶贫方略。2013年，湖南省、湘西自治州、吉首市100个联村单位共选派121名干部，组成31个建整扶贫工作队进驻31个贫困村开展新一轮扶贫工作。全年31个扶贫村共规划实施项目156个，资金5220.5万元，实际实施项目178个，投入资金7763.93万元，实现农民人均纯收入2150元，增幅26.5%（吉首市人民政府办公室等，2014）。2014年至今，吉首市在组织领导的加强、精准程度的提高、脱贫路径的创新、长效机制的建立等方面成效十分显著。2015年4月，对口帮扶高校的扶贫工作队正式进驻L村开展扶贫工作。从吉首市扶贫历程可以看出，政府的扶贫力度在逐渐增强，扶持措施也越来越多样，特别是在精准扶贫实施以来，这种趋势更加明显。L村的文化状况主要体现在L村村民的宗教信仰上，在L村有三个具有代表性的宗教文化符号，分别是千年古寺、树神和土地堂。以前村民有事就喜欢去古寺求仙拜佛，后因匪患，寺内铜钟、金佛、香炉等文物被搜刮一空，只剩下当年寺庙用的石磨、瓦砾。1950年前后民间人士赠三尊菩萨于此，尽管遗址残破不堪，但每年都会有信徒、香客前来祭拜①。另外，L村曾有两棵（现存一棵）古枫树，后村民在枫树下面修建了土地堂，逢年过节首先在土地堂祭祀故土和祖先，并相信在"枫树姊妹"（传说两棵树分别叫枫香妹、枫香英）的护佑下，会风调雨顺、人杰地灵。截至2017年，L村仅剩一棵古枫树，另一棵已于2016年5月19日黄昏倒落②。

---

① 根据政协吉首市文史学习委员会编撰的"吉首文史第15辑·吉首美丽村寨"整理。
② 根据实地调研和吴恒忠副教授访谈材料及其编撰的"莲台山"文本资料整理。

二、L村生计资本的历史

从人力资本来看，2001~2013年，L村一直都有两个村民小组，户数基本保持在73户或74户，总人口维持在330~341人，具体如表3-1所示。截至2016年，L村两个村民小组共计82户338人，国家标准贫困人口70户，295人，低保户16户48人，五保户1户1人；少数民族人口338人，妇女人口180人，残疾人口11人；劳动力189人，外出务工54人。L村村民的姓氏有石、时、向、杨、刘、龙等，其中石姓村民占比超过70%。

表3-1 　　　　　　　　　L村2001~2013年人口状况一览

年份	村民小组数量（个）	户数（户）	总人口（人）
2001	2	73	334
2002	2	74	336
2003	2	74	339
2004	2	74	339
2005	2	73	341
2006	2	73	341
2007	2	73	338
2008	2	73	338
2009	2	73	341
2010	2	73	338
2011	2	73	338
2012	2	73	330
2013	2	73	338

资料来源：吉首市人民政府办公室，吉首市史志办公室. 吉首年鉴2002-2014 [R]. 吉首大学图书馆馆藏，2002-2014.

从社会资本来看，L村历来民风淳朴，村民关系融洽，关系资本状况比较好。这里流传着如"树不开两样花，为人不说两面话""千里送鹅毛，礼轻情意重""不是亲戚不挂牵，不是打草不沾油""会骂讨人嫌，会讲讨人爱""打鼓听音，讲话听声"等谚语，充分反映了 L 村一带苗族居民社交礼仪和谈吐训教。也还有"为人在世，良心做事""丢丑不舍本，要脸不发财""糊糊混混，一事无成""好讲三天，丑讲三天，多嘴婆娘，冷火秋烟""人不求人一般大，水不下滩一样平""不做亏心事，不怕鬼敲门""人不可貌相，海不可斗量"等谚语，反映了 L 村一带苗族居民淳朴的民风和宽广的胸怀①（吉首市民间文学集成办公室，1987）。另外，L 村历史上有两位颇有影响的人物，一位是石把志，另一位是德王。石把志是 L 村一位传奇人物，是"湘西苗拳王"，武德、医德、人品俱佳，当地百姓赞誉有加。德王是一位苗族英雄，是否真实存在已无从考证，但黄岩冲、大兴寨一带却流传着德王的传说，据传德王神通广大、武艺高强、为人仗义，令官军闻风丧胆②。从自然资本来看，L 村自然资本比较弱，2001～2013 年 L 村有耕地约 28.2667 公顷，其中稻田约 21.2667 公顷，旱地 7 公顷③；2016 年 L 村全村耕地面积约 27.9333 公顷，有效灌溉面积约 21 公顷，林地面积约 443.4667 公顷，退耕还林面积约 3.3333 公顷，林果面积约 3.3333 公顷④。从物质资本来看，L 村有一面土墙，是村子里的文物，土砖结实，砌工精细，土墙呈暗红色，是被烈火煅烧过的痕迹。传说这面土墙是建寨时筑构的，后来因村子失火和土匪烧房子，村里仅存四个房子和这面土墙⑤。而且 L 村还有民房 70 余栋（现代建筑只有 3 栋），其中有一些古民居已存在两百多年，大部分保存完好，且依山而建，集中连片，错落有致。截至 2015 年，被列入古建筑文物保护的有 5 栋，其中四合院民房 2 栋，青石板院坝 37 个，还有需要重点保护的"印子屋"一栋⑥。这些保存完好的文物也从侧面说明了 L 村农户长久地居住在古民居中，居住条件相对一般。从金融资本方面看，L 村历年来金融发展非常迟缓，现金收入比较少，农户间的借贷也仅限于一些应急的小额借贷。

① 根据吉首市民间文学集成办公室编写的《中国谚语集成湖南卷：吉首市资料本》整理。

②⑤ 根据实地调研和吴恒忠副教授访谈材料及其编撰的"莲台山"文本资料整理。

③ 吉首市人民政府办公室，吉首市史志办公室. 吉首年鉴 2002－2014［R］. 吉首大学图书馆馆藏，2002－2014.

④ 根据实地调研、村干部访谈资料和村委会档案材料整理。

⑥ 根据政协吉首市文史学习委员会编撰的"吉首文史第15辑·吉首美丽村寨"整理。

三、L 村生计策略的历史

从多样化角度看，L 村农户的生计策略一直以来主要以务农为主，个别兼顾其他方面的生计。矮寨一带苗族流传着"要想富得快，牛羊满猪圈""千有万有，莫养扁口（鸭子）"（吉首市民间文学集成办公室，1987），说明致富一直是人们的愿望，并在日常生活中通过养殖业来寻求脱贫致富。就 L 村主要的生计策略来看，2001 年 L 村全村主要以粮食生产和畜牧开发为主；2002 年 L 村主要从事粮食生产、蔬菜种植、畜牧养殖和劳务输出等；2003 年 L 村主要从事粮食生产、蔬菜种植、畜牧养殖；2004～2013 年 L 村主要以粮食生产、蔬菜种植、畜牧养殖和劳务输出为主。2014～2016 年 L 村发展为以第一产业为主，依托合作社发展种植业和养殖业。除了这些主要的生计策略外，L 村农户还根据各自的特点发展了一些其他方面的生计策略。比如苗族武术大师把武术教学作为谋生手段，曾担任武术总教官①。从包容性角度看，L 村生计策略的包容性一直都比较强。L 村苗族经历了一个漫长的迁徙过程，吴恒忠副教授认为，莲台山脚下的大兴寨在东部苗族的迁徙史上是一个重要的节点。苗民溯沅江、上武水、涉峒河而去，不断在大兴寨泊岸、落脚、安家。而更多的人从这里出发，上腊尔山台地、过花垣，再在大兴寨聚集，后迁移到"交得标"（苗语，实际为起屋场）一带，再逐步扩展到现在的 L 村所在地②。以上说明L 村村民的祖先经过了漫长而艰辛的迁徙过程，在这个过程中，必定融合了各民族、各地方的生计策略，最终形成了 L 村现有的谋生方式。L 村曾经是一个多群体融合的地方，多群体间的融合将造成文化、习俗的相互碰撞和交互，其中就必然包含生计策略。从现代化角度看，L 村农户历史上的生计策略是一个逐步现代化的过程，存在从事各种在当时相对现代化职业的农户，比如做瓦匠的 LBZH，教武术、做苗医的 SBZH，卖劳力的 SHSB，做苗医的 SJFA。他们作为所处时代的缩影，通过自身的努力，给闭塞落后的苗族村寨带去了不一样的、相对现代的生计方式。从高效化角度看，L 村农户在日常生活中形成了很多能提高生产生活效率的方法和技巧。这些可以从 L 村一带流传的谚语中窥见。在农业生产方面，有"三月不下种，八月无收成""人怕伤心，树怕伤根"等谚语，揭示了 L 村一带苗族居民在农业生产中掌握的耕作和种植规律，以提高农业生产的效率。在生活实践方面，有"三分人才，七分打扮""会穿

---

①② 根据实地调研和吴恒忠副教授访谈材料及其编撰的"莲台山"文本资料整理。

漂漂亮亮, 会吃肥肥胖胖""秤砣虽小压千斤, 胡椒虽小辣人心""树大要分丫, 儿大要分家""天上无云不下雨, 地上无煤不成亲""夫好妻好, 白头到老""满堂儿女, 抵不到半边夫妻"等谚语, 体现了L村一带苗族居民生活哲理和智慧, 能潜移默化地影响人们的观念, 提高生活质量和效率。从绿色化角度看, L村农户有敬畏自然、顺应自然的意识, 懂得充分利用自然规律从事生产生活, L村一带流传着"不带雨伞戴斗笠""太阳长了脚, 今日不落明日落""太阳出早不天晴""彩虹围太阳, 田干地也荒"等谚语, 体现了L村一带苗族居民通过对日常的观察, 掌握并顺应自然规律从事生产生活的状态。

四、L村生计产出的历史

从收入状况来看, 2002 ~ 2016 年, L村人均纯收入从 853 元增加到 3500 元, 增加了近四倍, 村民生活状况得到了极大改善, 生活水平得到显著提高。2002 ~ 2013 年 L村主要的农产品有稻谷、玉米、黄豆、生姜等。2016 年村民主要经济来源是养鸡、鸭、猪、羊, 种植水稻、玉米、黄豆和高山延季蔬菜, 村级集体经济收入近 5 万元。2001 ~ 2013 年 L村各项经济指标如表 3 - 2 所示。

表 3 - 2   2001 ~ 2013 年 L村各项经济指标一览

指标	2001年	2002年	2003年	2004年	2005年	2006年	2007年	2008年	2009年	2010年	2011年	2012年	2013年
粮食产量（吨）	—	186	196	123	123	128	239	239	239	245	245	245	245
总收入（万元）	32	49.5	45.2	34.3	35.3	69.8	71.8	71.8	79.5	75.6	75.6	92.5	93.5
人均纯收入（元）	—	853	853	843	830	845	845	845	912	985	985	—	930
外出务工人数（人）	—	—	—	—	—	—	—	95	96	—	95	94	—
劳务收入（万元）	—	—	—	—	—	—	—	25	35	—	62.7	62.7	41.8

资料来源: 吉首市人民政府办公室, 吉首市史志办公室. 吉首年鉴 2002 - 2014 [R]. 吉首大学图书馆馆藏, 2002 - 2014.

从生活水平角度看，L村农户的生活在历史上虽然会受到战乱或匪患等因素影响，但是L村大部分农户能够在平凡的生活中自得其乐。平常村民们都喜欢在古枫树下聊天、下棋、纳凉、唱歌、讲故事等，同时也保留了许多原始的习俗，如苗歌对歌、打苗鼓、舞狮子等。从健康状况角度来看，L村村民历来重视身体健康，有许多村民擅长医术，同时L村有非常浓厚的武术传统，形成了独特的"莲台山武术"，并有一个传承苗族武术的武术世家，有著名的苗族武术大师石把志。还有SYWU自幼喜欢舞刀弄棒、SMYU会苗药和蛇药等。另外，L村长寿的人也有不少，如SYWU享年86岁，XSMI享年80多岁，SLAE已经84岁了（2016年）。从教育程度来看，L村的文化教育问题在很长一段时间内未受到村里的重视，截至2016年初L村还没有一个考上本科的学生。同时，从1949年到2016年初，L村只出过7个高中生，有正式工作的村民也仅有4个，分别是曾任武术总教官的石把志、曾当人民教师的SQX、曾在银行工作的SHSZH、曾参军入伍的SHSC。此外L村教育资源缺乏。1949年后，L村的教舍仅有两座房子，每座房子的房间数很少。同时L村先后仅有6个老师在L村任过教，从资源利用角度来看，L村村民善于利用当地资源来进行生产或生活。例如，吉首市人民政府1982年编撰的《湖南省吉首市地名录》认为L村之所以古名叫"打弓坡"，主要是因为此地产野竹，古时战事和乡民打猎时都会到此地利用丰富的山竹资源来做弓弩。

第二节　L村生计链现状

为深入了解L村生计链的现状，我们针对54户农户的家庭成员进行了深度访谈，尝试通过农户生计链贫困的情况呈现L村生计链现状。从被访谈者总体情况来看，建档立卡贫困户有46人，非建档立卡贫困户有8人；男性有47人，女性有7人；被访谈者最小年龄28岁，最大年龄82岁，平均年龄55岁；户主有50人，非户主4人。以下资料均根据实地调研和深度访谈材料整理，被访谈者的基本信息如表3-3所示。

表 3 – 3 被访谈对象的基本情况

受访者 编号	受访者 姓名	被访谈 者性别	被访谈 者年龄	被访谈对象 是否为户主	受访者 编号	受访者 姓名	被访谈 者性别	被访谈 者年龄	被访谈对象 是否为户主
001	LSEN	女	45	是	028	SMMZ	女	50	否
002	SBMA	男	69	是	029	SMYU	男	67	是
003	SBYU	男	42	否	030	SMZH	男	74	是
004	SCHE	男	72	是	031	SQSH	男	76	是
005	SCQI	男	41	是	032	SSJI	男	65	是
006	SCSH	男	60	是	033	SSLI	男	82	是
007	SCWA	男	50	是	034	SSZE	男	74	是
008	SCWE	男	50	是	035	SSXS	男	66	是
009	SCXI	女	41	是	036	SSBI	男	69	是
010	SCYU	男	57	是	037	SSYI	男	70	是
011	SDLI	男	70	是	038	SSZH	男	59	是
012	SGFU	男	42	是	039	SWZH	男	28	是
013	SGHU	男	41	是	040	SXZH	女	63	是
014	SGMI	男	67	是	041	SXWA	男	51	是
015	SGPI	男	38	是	042	SYXI	女	44	否
016	SGQU	男	42	是	043	SYHI	男	40	是
017	SGSH	男	65	是	044	XSQI	男	58	是
018	SGXI	男	45	是	045	SYZH	男	42	是
019	SGZH	男	64	是	046	SZYO	女	78	是
020	SGZO	男	45	是	047	SZJU	男	41	是
021	SJFA	男	64	是	048	SZMI	男	45	是
022	SJCA	男	76	是	049	XJZH	男	47	是
023	SJPI	男	38	是	050	XSGU	男	42	是
024	SJCH	男	45	是	051	XSQU	男	43	是
025	SJGE	男	61	是	052	XSXI	男	50	是
026	SKNA	男	71	是	053	XSMI	男	80	是
027	SMBS	女	53	否	054	YLRO	男	68	是

资料来源：笔者自制。

一、L村生计链总体贫困

根据表 3 – 4，从总体贫困识别来看，根据 54 户样本农户的贫困诊断识别指数（PDII），识别出了 32 户生计链总体贫困户。在这 32 户总体贫困户中 PDII 的最大值为 1.953，最小值为 0.825，平均值为 1.641。由此可以对被访农户的总体贫困情况有一个整体的认识。

表 3－4 生计链总体贫困识别

受访者编号	受访者姓名	是否识别为总体贫困户	受访者编号	受访者姓名	是否识别为总体贫困户
001	LSEN	否	028	SMMZ	是
002	SBMA	是	029	SMYU	否
003	SBYU	是	030	SMZH	是
004	SCHE	否	031	SQSH	否
005	SCQI	否	032	SSJI	否
006	SCSH	是	033	SSLI	否
007	SCWA	是	034	SSZE	否
008	SCWE	是	035	SSXS	是
009	SCXI	是	036	SSBI	否
010	SCYU	否	037	SSYI	否
011	SDLI	否	038	SSZH	是
012	SGFU	否	039	SWZH	否
013	SGHU	否	040	SXZH	否
014	SGMI	否	041	SXWA	是
015	SGPI	是	042	SYXI	否
016	SGQU	是	043	SYHI	是
017	SGSH	否	044	XSQI	否
018	SGXI	否	045	SYZH	是
019	SGZH	是	046	SZYO	是
020	SGZO	是	047	SZJU	是
021	SJFA	是	048	SZMI	否
022	SJCA	是	049	XJZH	是
023	SJPI	是	050	XSGU	是
024	SJCH	是	051	XSQU	是
025	SJGE	是	052	XSXI	是
026	SKNA	是	053	XSMI	是
027	SMBS	是	054	YLRO	是

资料来源：笔者自制。

二、L 村生计链要素贫困

（一）L 村农户生计环境贫困

生计环境的变化往往影响着村民生计方式的变迁。在自然环境方面，L 村是一个典型的苗家聚居自然村落，大部分农户耕地、林地的坡度较大，不便于农业耕作。森林覆盖率达到 78% 以上，虽植被条件好、资源丰富、山形地貌优美，但是随着国家对生态环境保护的重视，这些资源已经很难直接转化成维持人们生计的生产生活资料。同时干旱、虫害、洪水以及山体滑坡等灾害也威胁着 L 村农户的生计，虽然这些自然灾害近些年出现的频率和危害性已经大幅降低，但对农户生计环境的影响也不容忽视。在社会环境方面，从经济状况来看，L 村以林地、山地和基本农田为经济依托，有梯田约 13.3333 公顷，旱地约 6.6667 公顷。生产方式原始古朴，经济来源渠道单一，主要靠养鸡、鸭、猪、羊，种植水稻、玉米、黄豆和高山延季蔬菜，家庭经济活动主要以自给自足为主，市场参与程度不高，且家庭经济活动购买相关保险的比例低，风险意识不强，经济状况较差。从政治状况来看，大部分农户都参与了组上或村里产业的发展决策，且经常了解中央或地方的重大事件，农户的政治状况较好。从公共服务状况来看，农户对公共服务的认识逐步加深，参与公共服务的积极性逐步提升，如 L 村农户新农村合作医疗保险的参与程度就比较高，农户公共服务状况总体来看已有了较大的改善。文化状况方面，L 村较好地保留和传承了传统苗族文化，大部分村民都对这些传统苗族文化有着崇高的敬意和发自内心的喜爱。信息状况方面，L 村村民对扶贫等政策的接受程度经历了由抵触到感谢的过程，但 L 村对扶贫政策的宣传也还需要加大力度。

根据表 3-5，通过对生计链中生计环境贫困的测度，可以发现生计环境贫困的有 33 户，其中自然环境贫困的有 24 户，社会环境贫困的有 23 户。生计环境、自然环境和社会环境都贫困的有 10 户，分别是 SBYU、SGPI、SGZO、SJFA、SJPI、SMBS、SSXS、SSBI、XSMI、YLRO；生计环境贫困、自然环境贫困，但社会环境不贫困的有 13 户，分别是 SCWE、SGQU、SJCA、SJCH、SKNA、SMMZ、SMZH、SSYI、SWZH、SXZH、SXWA、SYHI、SZJU；生计环境贫困、社会环境贫困，但自然环境不贫困的有 10 户，分别是 SCHE、SCSH、SCWA、SCYU、SGFU、SQSH、XSQI、SZYO、XJZH、XSXI；另外生计环境、自然环境和社会环境都不贫困的有 17 户，分别是 LSEN、SBMA、SCQI、

SCXI、SDLI、SGMI、SGSH、SGZH、SSJI、SSLI、SSZE、SSZH、SYXI、SYZH、SZMI、XSGU、XSQU；生计环境不贫困，自然环境不贫困，但社会环境贫困的有3户，分别是SGHU、SGXI、SMYU；生计环境不贫困，社会环境不贫困，但自然环境贫困的有1户，是SJGE。

表 3-5　　　　　　　　　生计环境贫困识别

受访者编号	受访者姓名	自然环境贫困得分	是否自然环境贫困	社会环境贫困得分	是否社会环境贫困	生计环境贫困指数	是否生计环境贫困
001	LSEN	0.500	否	0.503	否	0.502	否
002	SBMA	0.500	否	0.620	否	0.560	否
003	SBYU	0.000	是	0.453	是	0.227	是
004	SCHE	0.500	否	0.473	是	0.487	是
005	SCQI	0.500	否	0.513	否	0.507	否
006	SCSH	0.500	否	0.200	是	0.350	是
007	SCWA	0.500	否	0.397	是	0.448	是
008	SCWE	0.000	是	0.527	否	0.263	是
009	SCXI	0.500	否	0.727	否	0.613	否
010	SCYU	0.500	否	0.397	是	0.448	是
011	SDLI	0.667	否	0.870	否	0.768	否
012	SGFU	0.500	否	0.250	是	0.375	是
013	SGHU	0.667	否	0.437	是	0.552	否
014	SGMI	0.500	否	0.620	否	0.560	否
015	SGPI	0.000	是	0.477	是	0.238	是
016	SGQU	0.333	是	0.523	否	0.428	是
017	SGSH	0.500	否	0.737	否	0.618	否
018	SGXI	0.667	否	0.370	是	0.518	否
019	SGZH	0.500	否	0.530	否	0.515	否
020	SGZO	0.000	是	0.400	是	0.200	是
021	SJFA	0.167	是	0.440	是	0.303	是
022	SJCA	0.167	是	0.817	否	0.492	是
023	SJPI	0.000	是	0.423	是	0.212	是
024	SJCH	0.333	是	0.647	否	0.490	是
025	SJGE	0.167	是	0.853	否	0.510	否

续表

受访者编号	受访者姓名	自然环境贫困得分	是否自然环境贫困	社会环境贫困得分	是否社会环境贫困	生计环境贫困指数	是否生计环境贫困
026	SKNA	0.167	是	0.817	否	0.492	是
027	SMBS	0.000	是	0.380	是	0.190	是
028	SMMZ	0.000	是	0.593	否	0.297	是
029	SMYU	0.667	否	0.367	是	0.517	否
030	SMZH	0.167	是	0.527	否	0.347	是
031	SQSH	0.500	否	0.433	是	0.467	是
032	SSJI	0.500	否	0.563	否	0.532	否
033	SSLI	1.000	否	0.647	否	0.823	否
034	SSZE	0.500	否	0.883	否	0.692	否
035	SSXS	0.000	是	0.167	是	0.083	是
036	SSBI	0.000	是	0.437	是	0.218	是
037	SSYI	0.167	是	0.710	否	0.438	是
038	SSZH	0.500	否	0.697	否	0.598	否
039	SWZH	0.167	是	0.507	否	0.337	是
040	SXZH	0.333	是	0.517	否	0.425	是
041	SXWA	0.000	是	0.737	否	0.368	是
042	SYXI	0.667	否	0.620	否	0.643	否
043	SYHI	0.167	是	0.750	否	0.458	是
044	XSQI	0.500	否	0.463	是	0.482	是
045	SYZH	0.500	否	0.843	否	0.672	否
046	SZYO	0.500	否	0.317	是	0.408	是
047	SZJU	0.000	是	0.537	否	0.268	是
048	SZMI	0.500	否	0.747	否	0.623	否
049	XJZH	0.500	否	0.477	是	0.488	是
050	XSGU	0.833	否	0.603	否	0.718	否
051	XSQU	0.500	否	0.600	否	0.550	否
052	XSXI	0.667	否	0.320	是	0.493	是
053	XSMI	0.000	是	0.400	是	0.200	是
054	YLRO	0.000	是	0.347	是	0.173	是

资料来源：笔者自制。

下面以 SBYU、SJGE 两家为例进行具体说明，详见案例 3-1 和案例 3-2。

案例 3-1：L 村农户的生计环境贫困状况

访谈时间：2016 年 1 月；地点：受访者家中；受访者姓名：SBYU；受访者编号：003；受访者性别：男；受访者年龄：42 岁。

我家的海拔差不多有 800 米，耕地坡度在 30 度以上，耕作不方便，收成也不好。而且一年要受多次（自然）灾（害），有时候是山体滑坡，虫害也比较普遍，干旱也有，洪水灾害也比较麻烦。

我一周至少会去一次集市，我种的这些粮食和蔬菜也会卖掉一些换来钱做其他用，但是村里新弄的这些产业我都没有参与，保险什么的也没有买。村里开会我也会去，但我一般不发表意见。平常也就找人聊聊天，电视什么的很少看，新闻从来不看。我家里很穷，我觉得我家里其实符合国家最低生活保障的条件，但是没有得到资助。

我们这里的文化非常好，但是没有得到很好的传承。逢年过节我们会举办各种活动，像舞狮子、唱苗歌。年轻人喜欢这些的越来越少。

我一般通过扶贫干部们的宣传来了解扶贫政策，对扶贫政策有一定的了解。偶尔也会从亲戚朋友那里获得一些外出务工的机会，也会短期做一下（工）。

SBYU 家属于生计环境主要素贫困且自然环境和社会环境 2 个子要素都贫困的农户。在自然环境方面，SBYU 家自然条件状况不是很好，居住地海拔高、坡度大。家里一年多次受灾，主要的灾害是山体滑坡、虫害、干旱和洪水等。在社会环境方面，经济上，家里会卖掉一些粮食和蔬菜来补贴家用，但是什么保险都没有买；政治上，会参加村里的会议，但是一般不会发表意见；公共服务上，农村合作医疗等保险也没有买；文化上，认为传统文化非常好，但是没有得到很好地传承，会举办一些活动，但年轻人参与度不高；信息上，一般通过扶贫干部来了解扶贫政策，亲戚朋友是其了解务工信息的渠道。在访谈过程中，SBYU 显露出很想改变贫困现状，但又对生计环境无可奈何。其他生计环境贫困的农户也有类似的困境。通过这个案例，可以了解到 L 村村民生计活动面临的现实环境。

案例3-2：L村农户的生计环境不贫困状况

访谈时间：2016年1月；地点：受访者家中；受访者姓名：SJGE；受访者编号：025；受访者性别：男；受访者年龄：61岁。

我家的海拔有800多米，住房及耕地、林地的坡度在30度以上，每年差不多都要遭受一次自然灾害，这些灾害主要是泥石流、山体滑坡、虫害等。

家里会根据市场需要在自家土地进行农作物种植和养殖，没有从银行或亲戚朋友处借钱发展产业，暂时也没有买保险。

近三年我时常参加村里产业发展的决策，发表了自己的看法和意见，因为我对时政比较关注，所以每天都会带着家人一起看新闻。

我家参加了新农村合作医疗保险和农村养老保险。近些年，村里经常会举办各种文化活动，一年有六七次。村里的传统文化很有特色，但是有一些比较落后，需要革新。

村里一般会开会传达政府的扶贫政策，驻村扶贫干部和其他扶贫领导也会进行相关的宣传，我们对扶贫政策比较了解。近三年参加了有五六次技术培训吧。

SJGE属于生计环境主要素不贫困，社会环境子要素不贫困，但自然环境子要素贫困的农户，从上述案例访谈可以看出，SJGE家的自然条件一般，海拔比较高，住房、耕地的坡度也比较大；一年遭受大概一次自然灾害，比如泥石流、山体滑坡、虫害等。在社会环境方面，经济上，会根据市场需求进行种植和养殖，市场参与程度较高，但并没有买保险；政治上，会参加村里集体决策并发表意见，也会看新闻；公共服务上，参加了新农村合作保险和新农村养老保险，公共服务参与程度较高；文化上，一年参加六七次的文化活动，认为村里文化很好，但部分需要革新；信息上，会通过多方面了解扶贫政策，农户虽然生计环境总体上不贫困，但是其自然环境存在贫困。这就要求扶贫时既要关注显性贫困，又不能忽视隐性贫困。

（二）L村农户生计资本贫困

从生计资本贫困角度看，在人力资本方面，L村农户的总体劳动能力较好，至少有一个15~60岁的健康劳动力的家庭占了大部分。但L村的教育文化水平不高，且农户也不太重视文化教育。就村民的职业技能而言，L村村民大部分没有正式工作，且基本都是农业劳动力，也有一部分村民靠外出务工获得收入。在社会资本方面，有亲戚在城镇居住的属少数，有一些村民虽然有亲戚在城镇居住，但几乎没有联系。L村村民有亲戚担任村级以上干部的比例也非常低，但在本村内，村民之间的关系都非常好。如果家庭遇到一些困难，大部分村民很难获得外部的帮助，只能靠村里其他农户的救济和帮助。大部分村民受小农经济思想的影响，对参与农村合作社的积极性较低，还未充分认识到加入合作社对改善自身经济状况的重要作用。在自然资本方面，截至2016年底，L村人均耕地约0.0827公顷，人均林地约1.3120公顷[①]。人均耕地面积相当少，而人均林地面积虽然多一些，但因生态环境保护的需要，已不允许随意开垦。在物质资本方面，村内主要使用柴草作为燃料，其次是使用电作为燃料，使用液化气和煤球作为燃料的也有，但是比例非常小。另外L村现在有民居70余栋，其中有3栋现代建筑，有一些民居保存较好，已有两百多年。同时，大部分村民家中拥有打米设备，手机和电视机已基本在村内普及，少部分家庭还拥有摩托车、洗衣机和电冰箱等。在金融资本方面，村民家庭现金收入逐年增加，有少部分人也会通过银行贷款的方式获得资金，大部分村民没有闲钱可以借给亲戚或朋友。

根据表3-6，通过对生计链中生计资本维度贫困的测度，可以发现生计资本贫困的有51户，其中人力资本贫困的有50户，社会资本贫困的有35户，自然资本贫困的有48户，物质资本贫困的有45户，金融资本贫困的有42户。而生计资本、金融资本、物质资本、自然资本、社会资本和人力资本都贫困的有21户，分别是SCSH、SCWA、SCYU、SGHU、SGPI、SJPI、SKNA、SMBS、SMZH、SQSH、SSLI、SSBI、SSZH、SXZH、SYXI、SZYO、SZJU、XJZH、XSGU、XSXI、XSMI。生计资本不贫困的有3户。无生计资本、人力资本、社会资本、自然资本、物质资本、金融资本都不贫困的农户。

表3-6 生计资本贫困识别

受访农户编号	受访者姓名	人力资本贫困得分	是否人力资本贫困	社会资本贫困得分	是否社会资本贫困	自然资本贫困得分	是否自然资本贫困	物质资本贫困得分	是否物质资本贫困	金融资本贫困得分	是否金融资本贫困	生计资本贫困指数	是否生计资本贫困
001	LSEN	0.377	是	0.500	否	0.373	是	0.419	是	0.385	是	0.411	是
002	SBMA	0.137	是	0.300	是	0.568	否	0.380	是	0.244	是	0.326	是

---

① 根据实地调研、村干部访谈资料和村委会档案材料整理。

续表

受访农户编号	受访者姓名	人力资本贫困得分	是否人力资本贫困	社会资本贫困得分	是否社会资本贫困	自然资本贫困得分	是否自然资本贫困	物质资本贫困得分	是否物质资本贫困	金融资本贫困得分	是否金融资本贫困	生计资本贫困指数	是否生计资本贫困
003	SBYU	0.142	是	0.200	是	0.568	否	0.506	否	0.456	是	0.374	是
004	SCHE	0.326	是	0.125	是	0.373	是	0.349	是	0.781	否	0.391	是
005	SCQI	0.344	是	0.500	否	0.334	是	0.436	是	0.656	否	0.454	是
006	SCSH	0.277	是	0.000	是	0.087	是	0.189	是	0.265	是	0.164	是
007	SCWA	0.195	是	0.125	是	0.218	是	0.342	是	0.300	是	0.236	是
008	SCWE	0.337	是	0.575	否	0.153	是	0.383	是	0.657	否	0.421	是
009	SCXI	0.312	是	0.400	是	0.105	是	0.247	是	0.640	否	0.341	是
010	SCYU	0.234	是	0.200	是	0.140	是	0.406	是	0.463	是	0.288	是
011	SDLI	0.329	是	0.325	是	0.140	是	0.189	是	0.820	否	0.360	是
012	SGFU	0.238	是	0.200	是	0.023	是	0.559	否	0.396	是	0.283	是
013	SGHU	0.258	是	0.100	是	0.155	是	0.299	是	0.396	是	0.242	是
014	SGMI	0.567	否	0.550	否	0.686	否	0.256	是	0.481	是	0.508	否
015	SGPI	0.164	是	0.425	是	0.198	是	0.280	是	0.187	是	0.251	是
016	SGQU	0.203	是	0.300	是	0.529	否	0.122	是	0.016	是	0.234	是
017	SGSH	0.531	否	0.675	否	0.288	是	0.370	是	0.709	否	0.514	否
018	SGXI	0.297	是	0.500	否	0.346	是	0.767	否	0.127	是	0.407	是
019	SGZH	0.263	是	0.500	否	0.101	是	0.341	是	0.254	是	0.292	是
020	SGZO	0.373	是	0.625	否	0.082	是	0.219	是	0.067	是	0.273	是
021	SJFA	0.206	是	0.425	是	0.458	是	0.342	是	0.537	否	0.394	是
022	SJCA	0.344	是	0.875	否	0.105	是	0.539	否	0.494	是	0.471	是
023	SJPI	0.223	是	0.100	是	0.125	是	0.496	是	0.456	是	0.280	是
024	SJCH	0.248	是	0.500	否	0.107	是	0.208	是	0.516	否	0.316	是
025	SJGE	0.412	是	0.775	否	0.124	是	0.275	是	0.702	否	0.458	是
026	SKNA	0.295	是	0.300	是	0.109	是	0.274	是	0.201	是	0.236	是
027	SMBS	0.145	是	0.350	是	0.166	是	0.375	是	0.385	是	0.284	是
028	SMMZ	0.426	是	0.525	否	0.435	是	0.497	是	0.799	否	0.536	否
029	SMYU	0.371	是	0.550	否	0.302	是	0.474	是	0.385	是	0.417	是

受访农户编号	受访者姓名	人力资本贫困得分	是否人力资本贫困	社会资本贫困得分	是否社会资本贫困	自然资本贫困得分	是否自然资本贫困	物质资本贫困得分	是否物质资本贫困	金融资本贫困得分	是否金融资本贫困	生计资本贫困指数	是否生计资本贫困
030	SMZH	0.337	是	0.425	是	0.031	是	0.247	是	0.233	是	0.255	是
031	SQSH	0.258	是	0.225	是	0.179	是	0.455	是	0.466	是	0.317	是
032	SSJI	0.238	是	0.550	否	0.419	是	0.228	是	0.374	是	0.362	是
033	SSLI	0.347	是	0.325	是	0.076	是	0.474	是	0.265	是	0.297	是
034	SSZE	0.290	是	0.475	是	0.220	是	0.583	否	0.081	是	0.330	是
035	SSXS	0.217	是	0.300	是	0.541	否	0.555	否	0.194	是	0.362	是
036	SSBI	0.134	是	0.425	是	0.187	是	0.067	是	0.336	是	0.230	是
037	SSYI	0.716	否	0.325	是	0.145	是	0.359	是	0.413	是	0.392	是
038	SSZH	0.409	是	0.300	是	0.053	是	0.171	是	0.205	是	0.227	是
039	SWZH	0.209	是	0.300	是	0.614	否	0.764	否	0.194	是	0.416	是
040	SXZH	0.289	是	0.425	是	0.086	是	0.256	是	0.165	是	0.244	是
041	SXWA	0.300	是	0.550	否	0.256	是	0.328	是	0.537	否	0.394	是
042	SYXI	0.257	是	0.325	是	0.256	是	0.208	是	0.374	是	0.284	是
043	SYHI	0.254	是	0.650	否	0.490	是	0.208	是	0.456	是	0.412	是
044	XSQI	0.732	否	0.500	否	0.074	是	0.295	是	0.456	是	0.411	是
045	SYZH	0.384	是	0.625	否	0.116	是	0.293	是	0.190	是	0.322	是
046	SZYO	0.178	是	0.425	是	0.443	是	0.322	是	0.374	是	0.348	是
047	SZJU	0.239	是	0.200	是	0.016	是	0.384	是	0.456	是	0.259	是
048	SZMI	0.217	是	0.700	否	0.431	是	0.640	否	0.456	是	0.489	是
049	XJZH	0.242	是	0.300	是	0.086	是	0.352	是	0.155	是	0.227	是
050	XSGU	0.222	是	0.300	是	0.124	是	0.161	是	0.201	是	0.202	是
051	XSQU	0.196	是	0.300	是	0.082	是	0.546	否	0.261	是	0.277	是
052	XSXI	0.017	是	0.300	是	0.465	是	0.266	是	0.060	是	0.221	是
053	XSMI	0.100	是	0.200	是	0.140	是	0.161	是	0.283	是	0.177	是
054	YLRO	0.330	是	0.100	是	0.097	是	0.421	是	0.739	否	0.337	是

资料来源：笔者自制。

下面以 SCSH 家为例进行具体说明，详见案例 3 - 3。

案例 3 - 3：L 村农户的生计资本贫困状况

访谈时间：2016 年 1 月；地点：受访者家中；受访者姓名：SCSH；受访者编号：006；受访者性别：男；受访者年龄：60 岁。

我家共有 7 口人，我和我儿子和儿媳是家中主要的劳动力，我还有 1 个孙子和 3 个孙女。他们最大的 6 岁，最小的 1 岁，我儿子偶尔会出去做点生意。

家里没有城里的亲戚，更没有亲戚担任干部，党员也没有，我们家里还没有参加村里的合作社等组织，平常我家跟村里来往比较密切的有 5 家左右。

我家人均的耕地面积只有 0.57 亩（约 0.038 公顷），人均林地面积也只有 0.5 亩（约 0.0333 公顷），平常打水还比较近，山泉水离家里只有四五十米。

做饭我们主要烧柴，平常我也会出去砍些柴回来，家里的住房是以前起的老房子，一家人有点拥挤。家里没有什么值钱的东西，只有一个打米机、一台摩托车、一台电视机和两个手机。

家里的现金收入非常少，但基本还能吃饱饭，从来没有去银行贷过款，因为不知道怎么贷，贷了款也不知道做什么。从来没有跟亲戚朋友借到过钱。

SCSH 家属于生计资本主要素贫困，同时金融资本、物质资本、自然资本、社会资本和人力资本 5 个子要素都贫困的农户。人力资本方面，劳动能力上，SCSH 家里有 7 口人，有 4 个小孩无劳动能力，只有 3 个健康劳动力；职业技能上，都属于农业劳动力。社会资本方面，没有亲戚在城镇，与村里其他村民的交往情况也一般；没有担任村干部的亲戚，家里也没有党员，更没有加入合作社等组织。自然资本方面，人均耕地面积和林地面积都非常少。物质资本方面，做饭主要靠烧柴，住的是老房子，主要生产性资料有打米设备，主要耐用品有摩托车、电视机和手机。金融资本方面，现金收入非常少，没贷款也没借过钱。整体来看，SCSH 家中的生计资本状况非常差，养育子女的负担很重。SCSH 家中有四个小孩，2010 年生一个、2012 年生一个、2013 年生一个、2015 年生一个，几乎是从 2010 年开始，每隔一年生一个孩子，加剧了 SCSH 家中生计资本的拮据程度，而且这种情况估计会持续较长时间。

（三）L 村农户生计策略贫困

从生计策略贫困角度看，在多样化方面，L 村农户主要通过种地、卖粮食获得收入，其次是通过外出打工获得收入，再次是通过卖畜禽以及通过政府救助、补贴获得收入。也有通过卖水果、做生意以及亲戚朋友资助获得收入的，但比例非常小。在包容性方面，农户普遍认为近年来家庭生计策略的包容性一般。在现代化方面，农户普遍认为近年来家庭生计策略的现代化程度并没有改善多少，生计活动并未从传统内容扩展到农业、工业和服务业等现代化部门和环节。在高效化方面，农户普遍认为近年来家庭生计策略的高效化程度改善不大，机械化以及分工合作程度都未有明显改变。在绿色化方面，农户普遍认为近年来家庭生计策略的绿色化程度更高了，在生计策略的选择上更加注重对环境的保护。

根据表 3－7，通过对生计链中生计策略贫困的测度可以发现：生计策略贫困的有 24 户，其中多样化贫困的有 32 户，包容性贫困的有 13 户，现代化贫困的有 16 户，高效化贫困的有 23 户，绿色化贫困的有 13 户。而生计策略、多样化、包容性、现代化、高效化、绿色化都贫困的只有 1 户，是 SBYU。生计策略、多样化、包容性、现代化、高效化、绿色化都不贫困的有 6 户，分别是 SCQI、SCYU、SGHU、SSJI、SXZH、SZJU。

表 3－7　　　　　　　　　生计策略贫困识别

受访者编号	受访者姓名	多样化贫困得分	是否多样化贫困	包容性贫困得分	是否包容性贫困	现代化贫困得分	是否现代化贫困	高效化贫困得分	是否高效化贫困	绿色化贫困得分	是否绿色化贫困	生计策略贫困指数	是否生计策略贫困
001	LSEN	0.333	是	0.200	是	0.000	是	0.000	是	1.000	否	0.307	是
002	SBMA	0.667	否	0.000	是	0.600	否	0.600	否	0.600	否	0.493	是
003	SBYU	0.333	是	0.000	是	0.000	是	0.400	是	0.200	是	0.187	是
004	SCHE	0.333	是	1.000	否	0.800	否	1.000	否	0.000	是	0.627	否
005	SCQI	0.667	否	0.600	否	0.800	否	1.000	否	1.000	否	0.773	否
006	SCSH	0.667	否	0.600	否	0.000	是	0.600	否	1.000	否	0.573	否
007	SCWA	0.333	是	0.600	否	0.600	否	0.600	否	0.200	是	0.467	是
008	SCWE	0.667	否	0.000	是	0.600	否	1.000	否	1.000	否	0.533	否
009	SCXI	1.000	否	0.000	是	1.000	否	1.000	否	0.000	是	0.600	否

续表

受访者编号	受访者姓名	多样化贫困得分	是否多样化贫困	包容性贫困得分	是否包容性贫困	现代化贫困得分	是否现代化贫困	高效化贫困得分	是否高效化贫困	绿色化贫困得分	是否绿色化贫困	生计策略贫困指数	是否生计策略贫困
010	SCYU	0.667	否	1.000	否	1.000	否	1.000	否	1.000	否	0.933	否
011	SDLI	0.667	否	1.000	否	1.000	否	1.000	否	0.000	是	0.733	否
012	SGFU	0.333	是	0.800	否	0.800	否	1.000	否	1.000	否	0.787	否
013	SGHU	0.667	否	1.000	否	1.000	否	1.000	否	1.000	否	0.933	否
014	SGMI	0.333	是	1.000	否	1.000	否	1.000	否	1.000	否	0.867	否
015	SGPI	0.333	是	0.800	否	0.600	否	0.600	否	0.600	否	0.587	否
016	SGQU	0.333	是	0.600	否	0.200	是	0.000	是	0.000	是	0.227	是
017	SGSH	0.667	否	0.600	否	0.200	是	1.000	否	0.200	是	0.533	否
018	SGXI	0.000	是	0.400	是	0.600	否	0.600	否	0.000	是	0.320	是
019	SGZH	0.333	是	0.000	是	0.800	否	0.000	是	0.000	是	0.227	是
020	SGZO	0.000	是	0.800	否	0.800	否	0.800	否	1.000	否	0.680	否
021	SJFA	0.667	否	0.000	是	0.600	否	0.800	否	0.000	是	0.413	是
022	SJCA	0.000	是	0.800	否	0.800	否	0.000	是	0.000	是	0.320	是
023	SJPI	0.667	否	0.000	是	0.000	是	0.000	是	0.000	是	0.133	是
024	SJCH	0.333	是	0.600	否	0.000	是	0.000	是	0.800	否	0.347	是
025	SJGE	0.667	否	0.600	否	0.000	是	0.600	否	0.600	否	0.493	是
026	SKNA	0.000	是	0.600	否	0.000	是	0.800	否	0.600	否	0.400	是
027	SMBS	0.667	否	0.000	是	0.600	否	0.000	是	0.000	是	0.253	是
028	SMMZ	1.000	否	0.600	否	0.600	否	0.000	是	0.600	否	0.560	否
029	SMYU	0.000	是	0.600	否	1.000	否	0.000	是	0.600	否	0.440	是
030	SMZH	0.667	否	0.000	是	1.000	否	1.000	否	0.800	否	0.693	否
031	SQSH	0.333	是	0.600	否	1.000	否	1.000	否	1.000	否	0.787	否
032	SSJI	0.667	否	1.000	否	1.000	否	1.000	否	1.000	否	0.933	否
033	SSLI	0.000	是	0.000	是	0.000	是	0.000	是	1.000	否	0.200	是
034	SSZE	0.000	是	1.000	否	1.000	否	1.000	否	1.000	否	0.800	否
035	SSXS	0.333	是	0.600	否	0.600	否	0.600	否	0.600	否	0.547	否
036	SSBI	0.000	是	1.000	否	1.000	否	1.000	否	1.000	否	0.800	否

受访者编号	受访者姓名	多样化贫困得分	是否多样化贫困	包容性贫困得分	是否包容性贫困	现代化贫困得分	是否现代化贫困	高效化贫困得分	是否高效化贫困	绿色化贫困得分	是否绿色化贫困	生计策略贫困指数	是否生计策略贫困
037	SSYI	0.667	否	1.000	否	1.000	否	0.000	是	1.000	否	0.733	否
038	SSZH	1.000	否	0.800	否	0.000	是	0.800	否	1.000	否	0.720	否
039	SWZH	0.333	是	1.000	否	1.000	否	0.000	是	0.800	否	0.627	否
040	SXZH	1.000	否	1.000	否	1.000	否	1.000	否	1.000	否	1.000	否
041	SXWA	0.333	是	1.000	否	0.800	否	0.000	是	1.000	否	0.627	否
042	SYXI	0.667	否	1.000	否	1.000	否	0.000	是	1.000	否	0.733	否
043	SYHI	0.333	是	0.800	否	0.000	是	0.000	是	0.800	否	0.387	是
044	XSQI	0.333	是	0.800	否	0.000	是	0.000	是	0.600	否	0.507	否
045	SYZH	0.333	是	0.600	否	0.600	否	0.600	否	0.600	否	0.547	否
046	SZYO	0.333	是	0.600	否	0.000	是	0.600	否	0.600	否	0.307	是
047	SZJU	0.667	否	0.600	否	0.600	否	0.600	否	0.600	否	0.613	否
048	SZMI	0.667	否	0.600	否	0.600	否	0.000	是	0.800	否	0.533	否
049	XJZH	0.000	是	1.000	否	0.000	是	0.600	否	0.600	否	0.440	是
050	XSGU	0.333	是	0.000	是	0.000	是	0.600	否	0.600	否	0.307	是
051	XSQU	0.000	是	0.800	否	0.600	否	0.000	是	0.600	否	0.400	是
052	XSXI	0.000	是	0.600	否	0.800	否	0.000	是	0.600	否	0.400	是
053	XSMI	0.000	是	0.600	否	0.600	否	0.000	是	0.800	否	0.440	是
054	YLRO	0.333	是	0.600	否	0.800	否	0.000	是	0.600	否	0.467	是

资料来源：笔者自制。

下面以 SBYU、SCQI 两家为例进行具体说明，详见案例 3 - 4 和案例 3 - 5。

案例3 - 4：L村农户的生计策略贫困状况

访谈时间：2016 年 1 月；**地点**：受访者家中；**受访者姓名**：SBYU；**受访者编号**：003；**受访者性别**：男；**受访者年龄**：42 岁。

我自己患有大病，家里还有一个 69 岁的母亲，都在家里务农。我对这种生活状况很不满意，非常想改变这种生计方式，但是现在却无能为力，我最理想的生计方式是拿固定工资。

SBYU 属于生计策略主要素贫困，同时多样化、包容性、现代化、高效化、绿色化5个子要素都贫困的农户。从上述案例访谈中可以看出，SBYU家里相当贫困，靠务农维持家庭生计，自己还有患有大病。但 SBYU 本人却期待拿固定工作，说明农户生计策略维度贫困的原因除了自身条件的缺陷外，还很可能有着期待追求与自己本身条件不相符合的生计策略。这些生计策略往往是贫困农户实际上无法企及的。高的期望就会带来大的失望，这种失望的情绪会进一步打击贫困农户的信心，进而放弃改变，长久地陷入贫困之中。

案例3-5：L村农户的生计策略不贫困状况

访谈时间：2016年1月；地点：受访者家中；受访者姓名：SCQI；受访者编号：005；受访者性别：男；受访者年龄：41岁。

我家里有四口人，我、我的妻子以及两个小孩。大儿子19岁，高中毕业，小女儿现在16岁，在读初中。家庭成员都是在家里务农的，我对这样的生活状态感觉还好，但我理想中的生计方式是进行专业化的种植。

SCQI 家属于生计策略主要素不贫困，同时多样化、包容性、现代化、高效化、绿色化5个子要素都不贫困的农户。由上述案例可以看出，SCQI 家对生计策略的整体满意度较高，但多样化程度一般。SCQI 家里虽然暂时也以务农为主，但是很乐观，这也可以说明贫困与否跟贫困户的见识和观念息息相关。扶贫和扶志两手抓才能更好地解决贫困问题。

（四）L村农户生计产出贫困

在收入状况方面，L村农户普遍认为近年来家庭的收入状况得到了提高，家庭收入较以前更加充裕了。2013～2016年，L村人均收入增加了3.76倍。在生活水平方面，L村农户普遍认为近年来家庭的生活水平得到了改善，饮食结构更加合理，文娱活动更加丰富。在健康状况方面，L村农户普遍认为近年来家庭成员的健康状况并没有太多改善。在教育程度方面，L村农户普遍认为近年来家庭成员的教育层次和技能水平并没有太大的提升。在资源利用方面，

L 村农户普遍认为近年来在资源利用方面没有太大的改善，耕地、林地等资源的开发和利用情况较以前几乎没有变化。

根据表3-8，通过对生计链中生计产出贫困的测度，可以发现生计产出贫困的有18户，其中收入状况贫困的有12户，生活水平贫困的有7户，健康状况贫困的有23户，教育程度贫困的有10户，资源利用贫困的有15户。而生计产出、收入状况、生活水平、健康状况、教育程度、资源利用都贫困的有1户，是SCXI。生计产出、收入状况、生活水平、健康状况、教育程度、资源利用都不贫困的有19户，分别是SCSH、SGFU、SGHU、SGMI、SGSH、SGXI、SMYU、SQSH、SSJI、SSZE、SSXS、SSYI、SXZH、XSQI、SZJU、XSQU、XSXI、XSMI、YLRO。

表3-8　　　　　　　　　　　　生计产出贫困识别

受访者编号	受访者姓名	收入状况贫困得分	是否收入状况贫困	生活水平贫困得分	是否生活水平贫困	健康状况贫困得分	是否健康状况贫困	教育程度贫困得分	是否教育程度贫困	资源利用贫困得分	是否资源利用贫困	生计产出贫困指数	是否生计产出贫困
001	LSEN	1.000	否	1.000	否	1.000	否	1.000	否	0.000	是	0.800	否
002	SBMA	0.800	否	0.800	否	0.000	是	0.600	否	0.600	否	0.560	否
003	SBYU	1.000	否	0.400	是	0.000	是	0.800	否	1.000	否	0.640	否
004	SCHE	0.600	否	0.800	否	1.000	否	1.000	否	0.000	是	0.680	否
005	SCQI	0.600	否	1.000	否	0.200	是	1.000	否	0.800	否	0.720	否
006	SCSH	0.600	否	0.600	否	0.600	否	0.600	否	1.000	否	0.680	否
007	SCWA	0.800	否	0.000	是	0.000	是	0.600	否	0.600	否	0.400	是
008	SCWE	1.000	否	0.000	是	0.000	是	0.000	是	1.000	否	0.600	否
009	SCXI	0.000	是	0.000	是	0.000	是	0.000	是	0.000	是	0.000	是
010	SCYU	1.000	否	1.000	否	0.000	是	0.000	是	1.000	否	0.600	否
011	SDLI	1.000	否	1.000	否	1.000	否	1.000	否	0.000	是	0.800	否
012	SGFU	1.000	否	1.000	否	1.000	否	1.000	否	1.000	否	1.000	否
013	SGHU	1.000	否	1.000	否	1.000	否	1.000	否	1.000	否	1.000	否
014	SGMI	1.000	否	1.000	否	1.000	否	1.000	否	1.000	否	1.000	否
015	SGPI	0.400	是	0.600	否	0.600	否	0.600	否	0.400	是	0.520	否

受访者编号	受访者姓名	收入状况贫困得分	是否收入状况贫困	生活水平贫困得分	是否生活水平贫困	健康状况贫困得分	是否健康状况贫困	教育程度贫困得分	是否教育程度贫困	资源利用贫困得分	是否资源利用贫困	生计产出贫困指数	是否生计产出贫困
016	SGQU	0.400	是	0.800	否	0.200	是	0.600	否	0.000	是	0.400	是
017	SGSH	1.000	否	0.600	否	1.000	否	0.600	否	0.600	否	0.760	否
018	SGXI	1.000	否	0.800	否	1.000	否	1.000	否	0.800	否	0.920	否
019	SGZH	1.000	否	1.000	否	0.000	是	0.000	是	0.000	是	0.400	是
020	SGZO	1.000	否	0.800	否	0.800	否	0.000	是	0.000	是	0.520	否
021	SJFA	0.600	否	1.000	否	0.000	是	0.600	否	0.000	是	0.440	是
022	SJCA	0.000	是	0.800	否	0.600	否	0.600	否	0.600	否	0.520	否
023	SJPI	0.000	是	0.000	是	0.000	是	1.000	否	0.000	是	0.200	是
024	SJCH	0.600	否	0.000	是	0.800	否	0.600	否	0.800	否	0.560	否
025	SJGE	0.800	否	0.400	是	0.000	是	0.600	否	0.000	是	0.360	是
026	SKNA	0.800	否	0.800	否	0.000	是	0.600	否	0.000	是	0.440	是
027	SMBS	0.800	否	0.800	否	0.400	是	0.400	是	0.000	是	0.480	是
028	SMMZ	0.600	否	0.600	否	0.000	是	0.800	否	0.800	否	0.560	否
029	SMYU	0.600	否	0.800	否	0.600	否	0.800	否	0.800	否	0.720	否
030	SMZH	1.000	否	1.000	否	0.000	是	0.000	是	0.000	是	0.400	是
031	SQSH	1.000	否	1.000	否	0.600	否	1.000	否	1.000	否	0.920	否
032	SSJI	0.800	否	1.000	否	1.000	否	1.000	否	1.000	否	0.960	否
033	SSLI	0.000	是	0.800	否	1.000	否	1.000	否	1.000	否	0.760	否
034	SSZE	1.000	否	1.000	否	1.000	否	1.000	否	1.000	否	1.000	否
035	SSXS	0.600	否	0.600	否	0.600	否	0.600	否	0.600	否	0.600	否
036	SSBI	0.000	是	1.000	否	1.000	否	1.000	否	1.000	否	0.800	否
037	SSYI	1.000	否	1.000	否	1.000	否	1.000	否	1.000	否	1.000	否
038	SSZH	0.000	是	1.000	否	0.000	是	0.000	是	0.800	否	0.360	是
039	SWZH	0.000	是	1.000	否	1.000	否	1.000	否	1.000	否	0.800	否
040	SXZH	1.000	否	1.000	否	1.000	否	1.000	否	0.800	否	0.960	否

续表

受访者编号	受访者姓名	收入状况贫困得分	是否收入状况贫困	生活水平贫困得分	是否生活水平贫困	健康状况贫困得分	是否健康状况贫困	教育程度贫困得分	是否教育程度贫困	资源利用贫困得分	是否资源利用贫困	生计产出贫困指数	是否生计产出贫困
041	SXWA	0.600	否	0.800	否	0.000	是	0.000	是	0.800	否	0.440	是
042	SYXI	0.800	否	0.000	是	0.600	否	1.000	否	0.600	否	0.600	否
043	SYHI	0.000	是	0.800	否	0.000	是	0.800	否	0.800	否	0.480	是
044	XSQI	0.600	否	0.800	否	1.000	否	0.800	否	1.000	否	0.840	否
045	SYZH	0.000	是	0.600	否	0.000	是	0.600	否	0.600	否	0.360	是
046	SZYO	0.600	否	0.600	否	0.000	是	0.600	否	0.600	否	0.480	是
047	SZJU	0.600	否	0.600	否	0.600	否	0.600	否	0.600	否	0.600	否
048	SZMI	0.800	否	0.800	否	0.000	是	0.600	否	0.000	是	0.440	是
049	XJZH	0.400	否	0.600	否	0.600	否	0.000	是	0.600	否	0.440	是
050	XSGU	0.600	否	0.600	否	0.000	是	0.600	否	0.600	否	0.480	是
051	XSQU	0.600	否	0.600	否	0.600	否	0.600	否	0.800	否	0.640	否
052	XSXI	0.600	否	0.600	否	0.600	否	0.600	否	0.600	否	0.600	否
053	XSMI	0.800	否	0.800	否	0.600	否	0.600	否	0.600	否	0.680	否
054	YLRO	0.800	否	0.600	否	0.600	否	0.800	否	0.800	否	0.720	否

资料来源：笔者自制。

下面以 SCXI、SGFU 两家为例进行具体说明，详见案例 3-6 和案例 3-7。

案例3-6：L村农户的生计产出贫困状况

访谈时间：2016 年 1 月；地点：受访者家中；受访者姓名：SCXI；受访者编号：009；受访者性别：女；受访者年龄：41 岁。

我家里有三口人，有一个在读高中的 18 岁的儿子以及 67 岁的老母亲。我和我母亲的文化程度都不高，只有小学。平常就靠卖粮食或畜禽、外出打工以及政府补助维持生活。因为没有什么技术，所以生活状况始终无法得到根本改善，我们家现在还是低保户。生活水平近些年整体来说有一定的改善，但是变化不大。

SCXI 家属于生计产出主要素贫困，同时收入状况、生活水平、健康状况、教育程度、资源利用 5 个子要素都贫困的农户。从以上案例访谈中可以看出，SCXI 家中生计产出维度总体来说十分贫困，收入状况、生活水平、健康状况都一般，教育程度非常低，资源利用优化更谈不上。主要原因是缺乏技术，要改变这种贫困状况，应该进行技能培训，使得 SCXI 的家庭成员都有一技之长，这样才能改善这一家人的生活。

案例 3-7：L 村农户的生计产出不贫困状况

访谈时间：2016 年 1 月；地点：受访者家中；受访者姓名：SGFU；受访者编号：012；受访者性别：男；受访者年龄：42 岁。

最近这些年，我家收入状况和生活水平虽然整体还比较低，但是已经得到了很大的改善。我有两个儿子和三个女儿，非常幸福。我和我老婆都是初中毕业，我的两个儿子，一个在读小学一个在读高中。我的三个女儿，两个在读初中一个在读小学。家人身体状况都很好，我家主要是缺资金。

SGFU 家属于生计产出主要素不贫困，同时收入状况、生活水平、健康状况、教育程度、资源利用 5 个子要素都不贫困的农户。从上述案例中可以看出，SGFU 家虽然收入水平整体并不高，孩子读书的压力也大，但是相比以前已经有了很大改善。同时对生活水平、健康状况、教育程度和资源利用的满意度也较高。

三、L 村生计链贫困类型

根据生计链要素贫困的情况，结合生计链的贫困类型，进一步对每一个被访谈农户的生计链贫困情况进行判断。

（一）L 村农户生计链单环节贫困

根据表 3-9，在被访谈的 54 户农户中，生计链单环节贫困的农户有 7 户，占访谈农户总样本的 12.96%。其中 SCQI、SDLI、SGHU、SSJI、SSZE、SYXI 属于生计资本贫困，SMMZ 属于生计环境贫困。

表 3-9   L 村生计链单环节贫困

受访者编号	姓名	贫困类型	贫困环节类型	主要素贫困类型	子要素贫困类型
005	SCQI	生计链单环节贫困	单环节贫困	生计资本	人力资本-自然资本-物质资本-"健康状况"
011	SDLI	生计链单环节贫困	单环节贫困	生计资本	人力资本-社会资本-自然资本-物质资本-"绿色化"
013	SGHU	生计链单环节贫困	单环节贫困	生计资本	"社会环境"-人力资本-社会资本-自然资本-物质资本-金融资本
028	SMMZ	生计链单环节贫困	单环节贫困	生计环境	自然环境-人力资本-自然资本-物质资本-"高效化"-"健康状况"
032	SSJI	生计链单环节贫困	单环节贫困	生计资本	人力资本-自然资本-物质资本-金融资本
034	SSZE	生计链单环节贫困	单环节贫困	生计资本	人力资本-社会资本-自然资本-金融资本-"多样化"
042	SYXI	生计链单环节贫困	单环节贫困	生计资本	人力资本-社会资本-自然资本-物质资本-金融资本-"高效化"-"生活水平"

注：贫困类型中，引号表示子要素贫困，但该子要素对应的主要素不贫困。
资料来源：笔者自制。

下面以 SYXI 和 SMMZ 为例进行具体说明，详见案例 3-8 和案例 3-9。

案例 3-8：L 村农户生计链单环节贫困：生计资本贫困

访谈时间：2016 年 1 月；地点：受访者家中；受访者姓名：SYXI；受访者编号：042；受访者性别：女；受访者年龄：44 岁。

我们这里的海拔都比较高，因为在莲台山山腰嘛，有八九百米，耕地和林地的坡度都比较大，在 30 度以上，因为我家里耕地和林地的位置，有的时候会碰到泥石流或山体滑坡，但是总体来说我家经济活动受到自然灾害的影响很小。

我家种的这些农产品，一般不会拿到市场上去卖，都是供自家人吃。这些农业保险和商业保险，我家也没有买过，没什么钱去买这些，也不知道去哪里买，感觉买了用处也不大。平常村里会组织我们开会，商量一些重要的事情，我一般都会参加，但是很少发言。在家里没事的时候，我们也会看看电视，了解一下村子外面的新闻。自从开展精准扶贫之后，政策都非常好，我们家都参加了新农村合作医疗保险和农村养老保险。我感觉我们村里的传统文化非常好，贴近生活，近三年我们家参加了两三次这样的文化活动。扶贫政策一般村里会开会传达，我们也经常从电视上了解一些。

我家人均耕地面积 0.5 亩左右（约 0.0333 公顷），人均林地面积 2 亩（约 0.1333 公顷）。我家一般用柴草做饭，家里住的是这种木房子，不是很牢靠。家里值钱的东西不多，就一个打米的设备，还有一台摩托车。我家有四口人，我老公 41 岁，我 44 岁，我和我老公都是小学文化。还有两个儿子，大儿子 21 岁，小儿子 19 岁，他们都是初中毕业就没读书了，两个儿子常年在外面务工，家里一般就我跟我老公。家里没有什么现金收入，更别提存款了，实在碰到事情缺钱，只能到亲戚那里借点，实在不行只能去银行贷点款。我们家的社会关系比较简单，没有亲戚在城镇里居住，有几个亲戚朋友担任村级干部，但很少联系，家里暂时也还没有党员。我家暂时还没有参加村里的合作社，感觉用处不是很大。村子里和我家里来往比较密切的有十几户，我们经常在一起聊天，有时候有事情也会相互帮忙。

虽然家里的收入状况得到了很大改善，但家里主要靠种地、卖粮菜、卖果品以及外出打工来维持生计，很想改变这种生计方式，如果两个儿子能找份正式稳定的工作，那我家的情况就会改善很多。

SYXI 家属于仅生计资本主要素贫困，人力资本、社会资本、自然资本、物质资本、金融资本、高效化、生活水平 7 个子要素贫困。从上述案例可以发现，SYXI 家人力资本方面，家里有四口人，健康劳动力也有四人；文化水平整体比较低，最高文化程度为初中；职业技能上，两人在家务农，两人在外务工。在社会资本方面，与村里交往密切的有十几户；有亲戚担任村干部但是联系不多；没有加入合作社等组织。在自然资本方面，人均耕地面积只有约 0.0333 公顷，人均林地面积只有约 0.1333 公顷。在物质资本方面，家里燃料用柴草，房子是不牢靠的木房子，拥有的生产性资产是打米的设备，拥有的耐用消费品是一台摩托车。在金融资本方面，现金收入很少，没贷过款，但是可以从亲戚那里借点钱。SYXI 家生计环境、生计策略和生计产出都不贫困，主要需通过生计资本的积累来改变家庭的状况。

案例3-9：L村农户生计链单环节贫困：生计环境贫困

访谈时间：2016年1月；地点：受访者家中；受访者姓名：SMMZ；受访者编号：028；受访者性别：女；受访者年龄：50岁。

我家海拔将近900米，住房及耕地、林地的坡度大概有40度，一年要遭受多次泥石流、山体滑坡、虫害或干旱等自然灾害。家里平常会卖掉一些粮食或蔬菜来补给家用，暂时没有购买农业保险或商业保险，感觉这些保险对我们用处不大。村里有什么大事，也会叫我们去开会，我家也会派代表出席，但一般不会发表自己的意见。在家没事的时候，经常会看电视，看看新闻等。家里参加了农村合作医疗保险，暂时还没有买养老保险。我感觉我们村的这些传统的东西非常好，但是要好好继承下去。国家的扶贫政策我们一般通过扶贫工作队或来的领导了解一些，感谢国家，这些政策都非常好，真正为我们老百姓着想。

我家有四口人，我丈夫54岁，初中毕业，我今年50岁，小学毕业。我还有一个大女儿和一个小儿子，他们都初中毕业后就没有再读书了，平常会去外面打工。家里人均1.3亩（约0.0867公顷）耕地，人均林地有3亩（约0.2公顷），我们一家四口就住在这个老房子里，虽然旧了点，但是很牢固。家里现在主要用柴草和电作为燃料，家里值钱的东西只有这个打米的以及一辆摩托车、几部手机、一个电冰箱和这台电视机。平常遇到点急事，会跟亲戚朋友借点钱应急。家里的亲戚都住在农村，也没有做干部的亲戚朋友，我家参加了村里的合作社，平常交往密切的农户有十三四家。

平常主要通过外出打工、卖粮食和蔬菜或卖鸡鸭等取得一些收入，对这种生计方式并不满意，希望能有个稳定点的事做。

SMMZ家属于仅生计环境主要素贫困，自然环境、人力资本、自然资本、物质资本、高效化、健康状况子要素贫困的农户。从案例访谈可以看出，SMMZ家在自然环境方面，海拔将近900米，耕地、林地坡度将近40度，自然条件状况较差。一年多次受泥石流、山体滑坡、虫害或干旱等自然灾害影响。在社会环境方面，经济上，会卖掉一些粮食或蔬菜补贴家用，但没有买保险，市场参与程度一般；政治上，会参与村里的产业决策，但是一般不会发表意见，会了解时事新闻；公共服务上，参加了新型农村合作医疗，但是没有购买养老保险；文化上，对传统文化的认可度较高；信息上，对扶贫政策等有一定的了解。

（二）L 村农户生计链多环节贫困

农户生计链多环节贫困包括两环节贫困和三环节贫困。在被访谈的 54 户农户中，生计链多环节贫困的农户一共有 36 户，占被访谈农户总数的 66.67%，其中两环节贫困的农户有 25 户，占被访谈农户总数的 46.30%；三环节贫困的农户有 11 户，占被访谈农户总数的 20.37%。

1. 生计链两环节贫困

根据表 3-10，在农户生计链两环节贫困中，仅生计环境、生计资本贫困的有 15 户，分别是 SCHE、SCSH、SCWE、SCYU、SGFU、SGPI、SGZO、SQSH、SSXS、SSBI、SSYI、SWZH、SXZH、XSQI、SZJU。仅生计资本、生产策略贫困的有 6 户，分别是 LSEN、SBMA、SGXI、SMYU、SSLI、XSQU。仅生计资本、生计产出贫困的有 4 户，分别是 SCXI、SSZH、SYZH、SZMI。被访谈农户中没有仅生计环境、生计策略贫困，仅生计环境、生计产出贫困或仅生计策略、生计产出贫困的农户。

表 3-10 　　　　　　　　　L 村生计链多环节贫困：两环节贫困

受访者编号	姓名	贫困类型	贫困环节类型	主要素贫困类型	子要素贫困类型
001	LSEN	生计链多环节贫困	两环节贫困	生计资本 – 生计策略	人力资本 – 自然资本 – 物质资本 – 金融资本 – 多样化 – 包容性 – 现代化 – 高效化 – "资源利用"
002	SBMA	生计链多环节贫困	两环节贫困	生计资本 – 生计策略	人力资本 – 社会资本 – 物质资本 – 金融资本 – 包容性
004	SCHE	生计链多环节贫困	两环节贫困	生计环境 – 生计资本	社会环境 – 人力资本 – 社会资本 – 自然资本 – 物质资本 – "多样化" – "绿色化" – "资源利用"
006	SCSH	生计链多环节贫困	两环节贫困	生计环境 – 生计资本	社会环境 – 人力资本 – 社会资本 – 自然资本 – 物质资本 – 金融资本 – "现代化"
008	SCWE	生计链多环节贫困	两环节贫困	生计环境 – 生计资本	自然环境 – 人力资本 – 自然资本 – 物质资本 – "包容性" – "现代化" – "健康状况" – "教育程度"

受访者编号	姓名	贫困类型	贫困环节类型	主要素贫困类型	子要素贫困类型
009	SCXI	生计链多环节贫困	两环节贫困	生计资本 – 生计产出	人力资本 – 社会资本 – 自然资本 – 物质资本 – "包容性" – "绿色化" – 收入状况 – 生活水平 – 健康状况 – 教育程度 – 资源利用
010	SCYU	生计链多环节贫困	两环节贫困	生计环境 – 生计资本	社会环境 – 人力资本 – 社会资本 – 自然资本 – 物质资本 – 金融资本 – "健康状况" – "教育程度"
012	SGFU	生计链多环节贫困	两环节贫困	生计环境 – 生计资本	社会环境 – 人力资本 – 社会资本 – 自然资本 – 金融资本 – "多样化"
015	SGPI	生计链多环节贫困	两环节贫困	生计环境 – 生计资本	自然环境 – 社会环境 – 人力资本 – 社会资本 – 自然资本 – 物质资本 – 金融资本 – "多样化" – "收入状况" – "资源利用"
018	SGXI	生计链多环节贫困	两环节贫困	生计资本 – 生计策略	"社会环境" – 人力资本 – 自然资本 – 金融资本 – 多样化 – 包容性 – 绿色化
020	SGZO	生计链多环节贫困	两环节贫困	生计环境 – 生计资本	自然环境 – 社会环境 – 人力资本 – 自然资本 – 物质资本 – 金融资本 – "多样化" – "教育程度" – "资源利用"
029	SMYU	生计链多环节贫困	两环节贫困	生计资本 – 生计策略	"社会环境" – 人力资本 – 自然资本 – 物质资本 – 金融资本 – 多样化 – 高效化
031	SQSH	生计链多环节贫困	两环节贫困	生计环境 – 生计资本	社会环境 – 人力资本 – 社会资本 – 自然资本 – 物质资本 – 金融资本 – "多样化"
033	SSLI	生计链多环节贫困	两环节贫困	生计资本 – 生计策略	人力资本 – 社会资本 – 自然资本 – 物质资本 – 金融资本 – 多样化 – 现代化 – 高效化
035	SSXS	生计链多环节贫困	两环节贫困	生计环境 – 生计资本	自然环境 – 社会环境 – 人力资本 – 社会资本 – 金融资本 – "多样化"
036	SSBI	生计链多环节贫困	两环节贫困	生计环境 – 生计资本	自然环境 – 社会环境 – 人力资本 – 社会资本 – 自然资本 – 物质资本 – 金融资本 – "多样化" – "收入状况"
037	SSYI	生计链多环节贫困	两环节贫困	生计环境 – 生计资本	自然环境 – 社会资本 – 自然资本 – 物质资本 – 金融资本 – "高效化"
038	SSZH	生计链多环节贫困	两环节贫困	生计资本 – 生计产出	人力资本 – 社会资本 – 自然资本 – 物质资本 – 金融资本 – "现代化" – 收入状况 – 健康状况 – 教育程度

受访者编号	姓名	贫困类型	贫困环节类型	主要素贫困类型	子要素贫困类型
039	SWZH	生计链多环节贫困	两环节贫困	生计环境－生计资本	自然环境－人力资本－社会资本－金融资本－"多样化"－"高效化"－"收入状况"
040	SXZH	生计链多环节贫困	两环节贫困	生计环境－生计资本	自然环境－人力资本－社会资本－自然资本－物质资本－金融资本
044	XSQI	生计链多环节贫困	两环节贫困	生计环境－生计资本	社会环境－自然资本－物质资本－金融资本－"多样化"－"高效化"
045	SYZH	生计链多环节贫困	两环节贫困	生计资本－生计产出	人力资本－自然资本－物质资本－金融资本－"多样化"－收入状况－健康状况
047	SZJU	生计链多环节贫困	两环节贫困	生计环境－生计资本	自然环境－人力资本－社会资本－自然资本－物质资本－金融资本
048	SZMI	生计链多环节贫困	两环节贫困	生计资本－生计产出	人力资本－自然资本－金融资本－"高效化"－健康状况－资源利用
051	XSQU	生计链多环节贫困	两环节贫困	生计资本－生计策略	人力资本－社会资本－自然资本－金融资本－多样化－高效化

注：贫困类型中，引号表示子要素贫困，但该子要素对应的主要素不贫困。
资料来源：笔者自制。

下面以 SCHE、LSEN、SSZH 三家为例进行具体说明，详见案例 3 - 10 至案例 3 - 12。

案例 3 - 10：L村农户生计链多环节贫困：生计环境、生计资本贫困

访谈时间：2016 年 1 月；地点：受访者家中；受访者姓名：SCHE；受访者编号：004；受访者性别：男；受访者年龄：72 岁。

我家所在地海拔大概 900 米，住房及耕地、林地的坡度在 35 度左右。我家的经济活动很少会受到自然灾害的危害。但是基本上所有种植的作物和养殖的鸡鸭，都只能供自家人吃，没有多余的。暂时没有买农业保险和商业保险。近三年我们村里对一些关于村民发展的重要问题开会讨论，我家也会参加，但一般不会发表意见。平常家人会经常通过电视收看国内外新闻。新农村合作医疗保险和农村养老保险我家都买了，每年要花的钱也不多，以后也有个保障。近三年我家人都没有参加过村里举办的各种文化活动，感觉没什么味，村里的

传统文化其实保存得很好，但我觉得那些比较落后，应该创新。现在的扶贫政策非常好，我也比较了解，因为看电视的时候，上面都会反复播放。

我家里人均耕地面积大概有2亩（约0.1333公顷），人均林地面积也差不多2亩（约0.1333公顷），离山泉水取水点有100米左右。家里主要靠柴火做饭，有时间的时候，如果天气好，我们都会去山上找些干柴。房子比较老了，住得还好吧，房子的状况也还挺好，不漏雨。家里值钱的东西就是这个打米的和屋子外面那个打稻谷的，摩托车有一辆，去山下集市的时候方便，有一个便宜的手机、一台老式电视机和一些简单的家具。我家有五口人，老伴今年69岁，儿子今年36岁，我的文化程度就是初中，我老伴就读了个小学就没读了。儿子也只是初中文化，另外还有一个9岁的孙子以及一个10岁的孙女，都在读小学，我家主要的经济负担是缺劳动力以及供孙子孙女读书，我和老伴年纪都大了，儿子打工赚的钱也不多。家里现金收入一般，如果有需要，可以从亲戚那里借一点。银行贷款没有贷，不知道怎么贷。家里的亲戚都在农村，有几个亲戚在他们村里当干部，但是没有什么往来。平常村里来往比较密切的有四五户。

家里主要的收入来源是靠打工，我儿子会到吉首去打工，如果有合适的，我也会短期去做一些工。其实希望可以做点小生意，现在正在考虑这个事。总的来说，现在的情况就以前来说，各方面都好多了，希望以后会越来越好。

SCHE家属于仅生计环境、生计资本2个主要素贫困，社会环境、人力资本、社会资本、自然资本、物质资本、多样化、绿色化、资源利用8个子要素贫困。从以上案例可以知道，SCHE家从生计环境来看，海拔高，居住和生产的环境坡度大，经济活动很少受自然灾害影响。在社会环境方面，暂时没有购买保险，会参与村里的产业决策，但一般会不发表意见。公共服务的参与度较好，购买了新农村合作医疗保险和农村养老保险。文化上，家人没有参加过村里的活动，对传统文化的认可度一般。信息上，会通过电视获取扶贫信息。从生计资本角度看，在人力资本方面，家里有五口人，健康劳动力1个，半劳动力2个，无劳动能力的有2个；家庭成员最高文化程度为初中，且都是在家务农，人力资本情况较差。在社会资本方面，城里没有亲戚，且只与村里少数农户交往密切；有几个亲戚当村干部，但没什么往来，社会资本也比较差。在自然资本方面，人均耕地面积和人均林地面积都约为0.1333公顷。在物质资本方面，燃料主要是柴草，住房状况一般，耐用消费品有一台摩托车、一台电视机和一些简单的家具，物质资本一般。在金融资本方面，现金收入一般，可以从亲戚那里借到一些钱，但没有贷过款。缺劳力以及孙子、孙女读书的负担是生计资本贫困的主要原因。生计环境贫困方面，主要是社会环境条件较差。

案例 3 – 11：L 村农户生计链多环节贫困：生计资本、生计策略贫困

访谈时间：2016 年 1 月；地点：受访者家中；受访者姓名：LSEN；受访者编号：001；受访者性别：女；受访者年龄：45 岁。

我家有 7 口人，我今年 45 岁，我丈夫今年 47 岁，我们都是小学学历。我还有两个儿子和一个女儿，女儿还在读高中，两个儿子读完初中就出去打工了。儿媳今年 24 岁，生了一个孙子，才 2 岁。我家有三个人在外面打工，一个在吉首打工，两个在广东打工，我家主要是缺技术和足够的资金送孩子读书。

家里的房子是老房子，家里除了一个用来打米的，没有其他值钱的生产工具了。电器也没有，手机倒是有几部。平常家里主要用柴火来烧饭，电用得很少。家里的现金收入，一年来说人均也就两千多，不怎么够用。有些亲戚住在城镇里面，联系也比较多，有时候会找他们借点钱。没有亲戚担任村干部，我们家也没有参加家里的农村合作社。

想去做点生意，但是还没找到门路。这么些年也是老样子，就种种田，使用现代化的工具也很少，但是环境保护现在上面讲得多，这方面还是挺注意的。

LSEN 属于仅生计资本、生计策略两个主要素贫困，人力资本、自然资本、物质资本、金融资本、多样化、包容性、现代化、高效化、资源利用 9 个子要素贫困。通过上述案例访谈，从生计资本来看，在人力资本方面，家里有 7 口人，健康劳动力有 5 个，文化水平较差，平常以在家务农和在外务工为主。社会资本方面，经常联系的亲戚在城镇，没有亲戚担任村干部。在物质资本方面，有个老房子，生产性工具有打米设备，耐用消费品只有手机。在金融资本方面，人均年收入 2300 ~ 2400 元，可以从亲戚那里借点钱。从生计策略来看，收入渠道仅有打工和务农，包容性、现代化、高效化的满意度比较低。家里女儿上学的负担以及技术的缺乏造成了 LSEN 家里困难，生计策略方面也比较单一，只能去外面打工，赚到的钱也不多。

案例3-12：L村农户生计链多环节贫困：生计资本、生计产出贫困

访谈时间：2016年1月；地点：受访者家中；受访者姓名：SSZH；受访者编号：038；受访者性别：男；受访者年龄：59岁。

我家有四口人，我今年59岁，我老婆今年48岁，我们都是小学文化，我还有一子一女，儿子是老大，今年23岁，女儿今年18岁，都读完初中就没读书了，出去打工了。平常卖蔬菜、粮食、家禽、外出打工再加上政府的一些补贴，人均年收入估计不到两千元，还不够家用。没有去亲戚朋友那里借过钱，贷款也没有贷过。人均耕地面积0.5亩左右（约0.0333公顷），人均林地面积0.25亩左右（约0.0167公顷）。家里主要用柴火烧饭，住的这个房子比较老了，大概有100平方米左右。家里只有这台电视机和一个打稻谷的算值钱的了。家里没有住在城镇的亲戚，担任村干部的亲戚也没有，和村里联系比较多的有20户左右。家里暂时还没参加村里的合作社。近年来生活水平有了一些改善，但是收入状况改善不大，很想摆脱这种状况，如果能出去做点生意就好了。

SSZH属于仅生计资本、生计产出2个主要素贫困，人力资本、社会资本、自然资本、物质资本、金融资本、现代化、收入状况、健康状况、教育程度9个子要素贫困。通过上述案例访谈，从生计资本来看，在人力资本方面，家里有四口人，健康劳动力有4人，但文化程度都比较低，且都是在家务农。在社会资本方面，没有亲戚住在城里，与村里交往密切的农户有20户左右，没有参加农村合作社。在自然资本方面，人均耕地面积和人均林地面积都比较少。在物质资本方面，燃料主要用柴草，房子约有100平方米，生产性资产有一个打稻谷的设备，耐用消费品有一台电视机。在金融资本方面，人均年收入不到两千元，没有向亲戚借过钱，也没贷过款。生计产出方面，在收入状况、健康状况、教育程度方面的满意度也比较低。SSZH有很强烈改变现状的愿望，但又无法实现，生计资本积累的不足是这个家庭最大的软肋。

2. 生计链三环节贫困

根据表3-11，在农户生计链三环节贫困中，仅生计环境、生计资本、生计策略贫困的农户有7户，分别是SBYU、SJCA、SJCH、SMZH、XSXI、XSMI、YLRO。仅生计环境、生计资本、生计产出贫困的农户有1户，是SXWA。仅生计资本、生计策略、生计产出贫困的农户有3户，分别是SGZH、SJGE、XSGU。被访谈农户中没有仅生计环境、生计策略、生计产出贫困的农户。

表 3-11　　　　　　　　**L 村生计链多环节贫困：三环节贫困**

受访者编号	受访者姓名	贫困类型	贫困环节类型	主要素贫困类型	子要素贫困类型
003	SBYU	生计链多环节贫困	三环节贫困	生计环境－生计资本－生计策略	自然环境－社会环境－人力资本－社会资本－金融资本－多样化－包容性－现代化－高效化－绿色化－"生活水平"－"健康状况"
019	SGZH	生计链多环节贫困	三环节贫困	生计资本－生计策略－生计产出	人力资本－自然资本－物质资本－金融资本－多样化－包容性－高效化－绿色化－健康状况－教育程度－资源利用
022	SJCA	生计链多环节贫困	三环节贫困	生计环境－生计资本－生计策略	自然环境－人力资本－自然资本－金融资本－多样化－包容性－绿色化－"收入状况"
024	SJCH	生计链多环节贫困	三环节贫困	生计环境－生计资本－生计策略	自然资本－人力资本－自然资本－物质资本－多样化－现代化－高效化－"生活水平"
025	SJGE	生计链多环节贫困	三环节贫困	生计资本－生计策略－生计产出	"自然环境"－自然资本－物质资本－现代化－生活水平－健康状况－资源利用
030	SMZH	生计链多环节贫困	三环节贫困	生计环境－生计资本－生计策略	自然环境－人力资本－社会资本－自然资本－物质资本－金融资本－"包容性"－健康状况－教育程度－资源利用
041	SXWA	生计链多环节贫困	三环节贫困	生计环境－生计资本－生计产出	自然环境－人力资本－自然资本－物质资本－"多样化"－"高效化"－健康状况－教育程度
050	XSGU	生计链多环节贫困	三环节贫困	生计资本－生计策略－生计产出	人力资本－社会资本－自然资本－物质资本－金融资本－多样化－现代化－高效化－健康状况
052	XSXI	生计链多环节贫困	三环节贫困	生计环境－生计资本－生计策略	社会环境－人力资本－社会资本－自然资本－物质资本－金融资本－多样化－高效化
053	XSMI	生计链多环节贫困	三环节贫困	生计环境－生计资本－生计策略	自然环境－社会环境－人力资本－社会资本－自然资本－物质资本－金融资本－多样化－高效化
054	YLRO	生计链多环节贫困	三环节贫困	生计环境－生计资本－生计策略	自然环境－社会环境－人力资本－社会资本－自然资本－物质资本－多样化－高效化

注：贫困类型中，引号表示子要素贫困，但该子要素对应的主要素不贫困。
资料来源：笔者自制。

下面以 SJCA、SXWA、SGZH 三家为例进行具体说明，详见案例 3 - 13、案例 3 - 14 和案例 3 - 15。

案例 3 - 13：L 村农户生计链多环节贫困：生计环境、生计资本、生计策略贫困

访谈时间： 2016 年 1 月；**地点：** 受访者家中；**受访者姓名：** SJCA；**受访者编号：** 022；**受访者性别：** 男；**受访者年龄：** 76 岁。

我们村这个整体海拔都很高，应该有 900 米左右。耕地和林地的坡度在 30 度左右，基本上一年要遭受一次自然灾害，这些灾害主要以泥石流、山体滑坡、虫害和干旱为主。粮食蔬菜很少拿到集市上去卖，主要自己家里吃。

我家有七口人，还有一个孙女和一个孙子在读小学，我和我老婆身体也不是很好，虽然购买了农村合作医疗保险，但我觉得看病和供孩子们读书的钱花费太多。我家人均耕地面积大概 0.7 亩（约 0.0467 公顷），人均林地面积 0.6 亩左右（约 0.04 公顷）。山泉水的取水点离我家还有点距离，烧饭主要用柴草。住的这个房子已经很久没修了，太破了。

家里主要靠外出打工来取得一些收入，人均收入应该在 3000 元左右，有时候会跟亲戚借点，但是从来没有贷款。

SJCA 家属于仅生计环境、生计资本、生计策略 3 个主要素贫困的农户，包含自然环境、人力资本、自然资本、金融资本、多样化、包容性、绿色化、收入状况 8 个子要素贫困。从案例访谈中可以看出，SJCA 看病的钱虽然花费较多，但是买了农村合作医疗，情况会慢慢得到改善，接下来应该主要解决供孩子们读书的问题和危房问题。

案例 3 - 14：L 村农户生计链多环节贫困：生计环境、生计资本、生计产出贫困

访谈时间： 2016 年 1 月；**地点：** 受访者家中；**受访者姓名：** SXWA；**受访者编号：** 041；**受访者性别：** 男；**受访者年龄：** 51 岁。

我家里只有四口人，我妻子今年 49 岁，我初中文化，我妻子小学文化。我的大女儿今年 26 岁，小儿子今年也有 24 岁了，大女儿读完高中就没读了，小儿子也只读到初中，他们现在都在广东打工。家里主要是缺技术，没有什么

收入，贷款更不可能了。人均耕地面积大概0.5亩（约0.0333公顷），人均林地面积大概2亩（约0.1333公顷），家里除了打点工，就只能守着这点耕地和林地了。平常家里主要是以柴作为燃料，有时候也会用电。家里这个房子有80平方米左右，很久以前建的，是个老房子了。家里除了手机和一个打稻谷的，基本没有什么值钱的东西了。

近些年收入状况虽然有所增加，但还是不够花。看着亲戚朋友生活一天天变好，也想改善下，但不是没那个能力嘛。

SXWA家属于生计环境、生计资本、生计产出3个主要素贫困，自然环境、人力资本、自然资本、物质资本、多样化、高效化、健康状况、教育程度8个子要素贫困。在上述案例访谈可以看出，SXWA一家四口人，子女在外打工，两老在村里务工，虽然贫困，但也还自得其乐，但和其他亲戚朋友的对比使这种"贫困感"被放大。

案例3-15：L村农户生计链多环节贫困：生计资本、生计策略、生计产出贫困

访谈时间：2016年1月；地点：受访者家中；受访者姓名：SGZH；受访者编号：019；受访者性别：男；受访者年龄：64岁。

我今年64岁了，儿子和儿媳常年在外面打工，留下两个孙女在读小学。家里年人均收入应该还不足2000元，有时候会去找亲戚朋友借点，但从来没有去银行贷过款，没有门路。我家耕地总共有4.5亩左右（约0.3公顷），林地总共也就2亩（约0.1333公顷）。家里平常主要靠烧柴，这个房子不是很牢靠了，你看那些都是斜的，起了很多年了，一直没有钱修缮，只能任它这样。家里电器只有一台电视和手机。

家里除了打工，就是种地，卖点粮食和蔬菜。打工赚的钱还没有在家种地赚得多，在外面开销太大了，剩不了几个钱。想去干点别的事，改变下这个状况，但是找不到好的项目，后来也就放弃了。

SGZH家属于生计资本、生计策略、生计产出3个主要素贫困，人力资本、自然资本、物质资本、金融资本、多样化、包容性、高效化、绿色化、健康状况、教育程度、资源利用11个子要素贫困。从上述案例可以看出，供两个孙女读书是这个家庭面临的最大困难，同时房子修缮也是亟待解决的问题。

（三）L 村农户生计链全环节贫困

根据表 3-12，在被访谈的 54 户农户中，生计链全环节贫困的农户一共有 9 家，占被访谈农户总数的 16.67%，分别是 SCWA、SGQU、SJFA、SJPI、SKNA、SMBS、SYHI、SZYO、XJZH。

表 3-12　　　　　　　　　　L 村生计链全环节贫困

受访者编号	受访者姓名	贫困类型	贫困环节类型	主要素贫困类型	子要素贫困类型
007	SCWA	生计链全环节贫困	四环节贫困	生计环境－生计资本－生计策略－生计产出	社会环境－人力资本－社会资本－自然资本－物质资本－金融资本－多样化－绿色化－生活水平－健康状况
016	SGQU	生计链全环节贫困	四环节贫困	生计环境－生计资本－生计策略－生计产出	自然环境－人力资本－社会资本－物质资本－金融资本－多样化－现代化－高效化－绿色化－收入状况－健康状况－资源利用
021	SJFA	生计链全环节贫困	四环节贫困	生计环境－生计资本－生计策略－生计产出	自然环境－社会环境－人力资本－社会资本－自然资本－物质资本－包容性－绿色化－健康状况－资源利用
023	SJPI	生计链全环节贫困	四环节贫困	生计环境－生计资本－生计策略－生计产出	自然环境－社会环境－人力资本－社会资本－自然资本－物质资本－金融资本－包容性－现代化－高效化－绿色化－收入状况－生活水平－健康状况－资源利用
026	SKNA	生计链全环节贫困	四环节贫困	生计环境－生计资本－生计策略－生计产出	自然环境－人力资本－社会资本－自然资本－物质资本－金融资本－多样化－现代化－健康状况－资源利用
027	SMBS	生计链全环节贫困	四环节贫困	生计环境－生计资本－生计策略－生计产出	自然环境－社会环境－人力资本－社会资本－自然资本－物质资本－金融资本－包容性－高效化－绿色化－健康状况－教育程度－资源利用
043	SYHI	生计链全环节贫困	四环节贫困	生计环境－生计资本－生计策略－生计产出	自然环境－人力资本－自然资本－物质资本－金融资本－多样化－现代化－高效化－收入状况－健康状况
046	SZYO	生计链全环节贫困	四环节贫困	生计环境－生计资本－生计策略－生计产出	社会环境－人力资本－社会资本－自然资本－物质资本－金融资本－多样化－现代化－高效化－健康状况
049	XJZH	生计链全环节贫困	四环节贫困	生计环境－生计资本－生计策略－生计产出	社会环境－人力资本－社会资本－自然资本－物质资本－金融资本－多样化－现代化－收入状况－教育程度

资料来源：笔者自制。

下面以 SCWA 一家为例进行具体说明,详见案例 3 – 16。

案例 3 – 16：L 村农户生计链全环节贫困

访谈时间：2016 年 1 月；地点：受访者家中；受访者姓名：SCWA；受访者编号：007；受访者性别：男；受访者年龄：50 岁。

家里有三口人,我已经 50 岁了,大女儿已经 27 岁了,还没出嫁。儿子也有 25 岁了,暂时也还没有成家。我们家都只有小学文化。家庭现金收入还不足 2000 元,靠种地或外出打工能有多少钱,有时候会从亲戚朋友那里借点钱,但是没去银行贷过款,感觉利息好高。虽然穷咯,但是感觉还好,暂时没想过要怎么去改变。

我家没有亲戚住在城里面,也没有亲戚担任干部的,亲戚中情况好的也不多。村里现在在弄合作社,但是我家还没有参加,先看看别人弄,不知道这个有没有用。

家里主要烧柴火,房子也是老房子了,住着还可以咯。家里除了电视机、手机,基本上没有其他电器了。打米和打稻谷的生产设备用了很久了。家里人均耕地面积 1.2 亩左右（约 0.08 公顷）,人均林地面积 1.2 亩左右（约 0.08 公顷）。耕地林地的坡度比较大,超过 30 度。

家里的海拔 800~900 米,平常的农业活动受自然灾害影响很小。有时候也会把多余的粮食、蔬菜卖掉一些来补贴家用。对于村里的产业,我暂时还没参加。农业保险之类的保险,我们都没买过。村里开会我会去,但是很少发言。没事的时候,会偶尔看看新闻,了解下。新农村合作医疗保险,大家都说很好,我家里人身体也不是很好,但我家还没买,先看看再说。我觉得我们苗族的传统文化很有意思,应该好好保留下去。但是我一般不去参加这类活动,人太多了,没什么味。对于这些扶贫政策,一般村里会统一开会传达,有时候也会到家里来宣讲。

生产中会有意识地去进行环境保护,但是很多时候做不到。生活水平提升不是很大,健康状况也没有太大变化。

SCWA 家属于生计链全环节贫困,社会环境、人力资本、社会资本、自然资本、物质资本、金融资本、多样化、绿色化、生活水平、健康状况 10 个子要素贫困。从案例中可以看出,在社会环境方面,家里会将多余的粮食或蔬菜卖掉来补贴家用,但没有购买相关保险,经济状况一般；会参加村里的产业决策，但是很少发言；新闻偶尔会看；没有购买新农村合作医疗，公共服务产业程度低；对传统文化的认可度比较高，但不会去参加村里组织的文化活动，文化状况一般；扶贫信息通过开会传达，信息状况一般。人力资本方面，家里有3口人，健康劳动力有3人，但家庭成员文化程度都比较低，只有小学文化，且家里成员都务农。在社会资本方面，亲戚中没有住在城镇或担任村干部的，也没有参加合作社。在自然资本方面，人均耕地面积和人均林地面积都较小。物质资本方面，主要是烧柴，房子是老房子，拥有的生产性资产有打米和打稻谷的设备，拥有的耐用消费品有电视机和手机。在金融资本方面，人均现金收入不足2000元，没有贷过款，但是可以跟亲戚朋友借到钱。在多样化方面，主要靠打工和种地获得收入；在绿色化、生活水平和健康状况方面水平都比较低。SCWA家中情况虽然已经非常贫困了，但是改变现状的意愿并不大，而且有很强的从众心理，还在观望是否要参加合作社以及购买新农村合作医疗保险。

（四）L村农户生计链零环节贫困

根据表3-13，在被访谈的54户农户中，生计链零环节贫困的农户一共有两户，占被访谈农户总数的3.7%，分别是农户SGMI、SGSH。

表3-13 　　　　　　　　　　　L村生计链零环节贫困

受访者编号	受访者姓名	贫困类型	贫困环节类型	主要素贫困类型	子要素贫困类型
014	SGMI	隐生计链贫困	零环节贫困	无	"物质资本"–"金融资本"–"多样化"
017	SGSH	隐生计链贫困	零环节贫困	无	"自然资本"–"物质资本"–"现代化"–"绿色化"

注：贫困类型中，引号表示子要素贫困，但该子要素对应的主要素不贫困。
资料来源：笔者自制。

下面以SGMI一家为例进行具体说明，详见案例3-17。

案例3-17：L村农户生计链零环节贫困

访谈时间：2016年1月；**地点**：受访者家中；**受访者姓名**：SGMI；**受访者编号**：014；**受访者性别**：男；**受访者年龄**：67岁。

我家里住的这个房子还比较好，修的时间还不长。我家7个人，需要供两个孙女读书，儿子和儿媳在外面打工，主要困难是没有技术以及要供孩子读书。既没有到银行贷款过，也不能从亲戚朋友那里借钱，家里电器就只有一个电视机和几部手机，还有一个收割稻谷的生产设备。

SGMI 家属于所有主要素都不贫困，物质资本、金融资本、多样化 3 个子要素贫困的农户。从案例可以看出，仅靠打工维持生计，经济收入单薄，还要负担两个孙女读书，这些因素虽然暂时还未造成生计资本贫困和生计策略贫困，但应该引起重视。

本 章 小 结

本章节首先从 L 村生计环境、生计资本、生计策略和生计产出四个方面全面回顾和分析 L 村生计链的历史，然后从 L 村生计链贫困问题入手，分析 L 村生计链贫困的现状。由此本书针对 54 户农户进行了重点访谈，从被访谈者总体情况来看，男性有 47 人，女性有 7 人；被访谈者最小年龄 28 岁，最大年龄 82 岁，平均年龄 55 岁；户主有 50 人，非户主有 4 人。本章对 L 村农户生计链总体贫困状况和要素贫困状况进行识别，在此基础上进一步对 L 村农户生计链贫困类型进行判断。

第一，L 村农户生计链总体贫困状况识别方面。根据 54 户样本农户的 PDII 指数，识别出了 32 户总体贫困户。在这 32 户总体贫困户中 PDII 的最大值为 1.953，最小值为 0.825，平均值为 1.641。

第二，L 村农户生计链要素贫困状况识别方面。通过对生计链中生计环境要素贫困的测度，我们可以发现：生计环境贫困的有 33 户，其中自然环境贫困的有 24 户，社会环境贫困的有 23 户。生计环境、自然环境和社会环境都贫困的有 10 户；生计环境贫困、自然环境贫困但社会环境不贫困的有 13 户；生计环境贫困、社会环境贫困但自然环境不贫困的有 10 户；另外生计环境、自然环境和社会环境都不贫困的有 17 户；生计环境不贫困、自然环境不贫困但社会环境贫困的有 3 户；生计环境不贫困、社会环境不贫困但自然环境贫困的有 1 户。分别以 SBYU、SJGE 家为例，对 L 村农户的生计环境要素贫困状况、L 村农户的生计环境要素不贫困状况进行了详细分析。

通过对生计链中生计资本要素贫困的测度，我们可以发现：生计资本贫困的有 51 户，其中人力资本贫困的有 50 户，社会资本贫困的有 35 户，自然资本贫困的有 48 户，物质资本贫困的有 45 户，金融资本贫困的有 42 户。生计资本、金融资本、物质资本、自然资本、社会资本和人力资本都贫困的有 21 户。生计资本不贫困的有 3 户，但没有生计资本、人力资本、社会资本、自然资本、物质资本、金融资本都不贫困的农户。以 SCSH 家为例，对 L 村农户的生计资本要素贫困状况进行了详细分析。

通过对生计链中生计策略要素贫困的测度，我们可以发现：生计策略贫困的有 24 户，其中多样化贫困的有 32 户，包容性贫困的有 13 户，现代化贫困的有 16 户，高效化贫困的有 23 户，绿色化贫困的有 13 户。而生计策略、多样化、包容性、现代化、高效化、绿色化都贫困的只有 1 户。生计策略、多样化、包容性、现代化、高效化、绿色化都不贫困的有 6 户。以 SBYU、SCQI 两家为例，对 L 村农户的生计策略要素贫困状况、L 村农户的生计策略要素不贫困状况进行了分析。

通过对生计链中生计产出要素贫困的测度，我们可以发现：生计产出贫困的有 18 户，其中收入状况贫困的有 12 户，生活水平贫困的有 7 户，健康状况贫困的有 23 户，教育程度贫困的有 10 户，资源利用贫困的有 15 户。而生计产出、收入状况、生活水平、健康状况、教育程度、资源利用都贫困的有 1 户。生计产出、收入状况、生活水平、健康状况、教育程度、资源利用都不贫困的有 19 户。以 SCXI、SGFU 两家为例，分别对 L 村农户的生计产出要素贫困和要素不贫困状况进行了详细分析。

第三，L 村农户生计链贫困类型判断方面。在 54 户被访谈农户中，生计链单环节贫困的有 7 户，占访谈农户总样本的 12.96%。以 SYXI 和 SMMZ 两家为例进行了具体说明。农户生计链多环节贫困包括两环节贫困和三环节贫困。在被访谈的 54 户农户中，生计链多环节贫困的农户一共有 36 户，占被访谈农户总数的 66.67%，其中两环节贫困的农户有 25 户，占被访谈农户总数的 46.30%；三环节贫困的农户有 11 户，占被访谈农户总数的 20.37%。在农户生计链两环节贫困中，仅有生计环境、生计资本贫困的有 15 家农户。仅生计资本、生产策略贫困的有 6 户；仅生计资本、生计产出贫困的有 4 户。被访谈农户中没有仅生计环境、生计策略贫困或仅生计环境、生计产出贫困或仅生计策略、生计产出贫困的农户。以 SCHE、LSEN、SSZH 三家为例进行了具体说明。在农户生计链三环节贫困中，仅生计环境、生计资本、生计策略贫困的有 7 户，仅生计环境、生计资本、生计产出贫困的有 1 户；仅生计资本、生计策略、生计产出贫困的有 3 户。被访谈农户中没有仅生计环境、生计策略、生计产出贫困的农户。以 SJCA、SXWA、SGZH 三家为例进行了具体说明。在被访谈的 54 户农户中，生计链全环节贫困的农户一共有 9 户，占被访谈农户总数的 16.67%，并以 SCWA 家为例进行了具体说明。在被访谈的 54 户农户中，生计链零环节贫困的农户一共有 2 户，占被访谈农户总数的 3.70%，并以 SG-MI 家为例进行了具体说明。

第四章
L 村生计链贫困的成因

第一节　L 村生计环境贫困的成因

一、生计环境贫困的农户立场及主位解释

根据调查，自然环境方面，从自然条件来看，L 村农户家庭住房及耕地、林地坡度在 30 度以上的占比 83.34%，说明该村农户大部分家庭自然条件状况较差，因此，从所有农户整体情况来看，自然条件状况恶劣是 L 村农户生计环境贫困的主要原因之一。从自然灾害状况来看，农户经济活动遭受各种自然灾害的频率为"很少"的占比 53.70%，说明该村农户经济活动受各种自然灾害的影响很小，因此，从所有农户整体情况来看，自然灾害不是 L 村农户生计环境贫困的主要原因。

社会环境方面，从经济状况来看，在家庭经济活动参与市场程度中，家庭经济活动完全自给自足的农户占比 51.85%。在购买相关保险情况中，购买了相关保险的占比 33.33%，家庭经济活动没有购买相关保险的占比 66.67%，说明该村家庭经济活动主要以自给自足为主，市场参与程度不高，且家庭经济活动购买相关保险的比例低，风险意识不强，经济状况较差，因此，从农户整体情况来看，经济状况较差是 L 村生计环境贫困的主要原因之一。从政治状况来看，参加过组上或村里产业发展决策但没发表意见的农户占比 51.85%，参加过组上或村里产业发展决策且发表意见的农户占比 27.78%。在家人看（听）中央新闻或地方新闻的情况中，家人从不看（听）中央或地方新闻的占比 7.41%，家人偶尔看（听）中央或地方新闻的农户占比 22.22%，家人经常看（听）中央或地方新闻的农户占比 44.44%，说明大部分农户都参与了组上

或村里产业发展决策，且会时常了解中央或地方的重大事件，农户的政治状况较好，因此，从所有农户整体情况来看，政治状况不是 L 村生计环境贫困的主要原因。从公共服务状况来看，在农户参加新农村合作医疗保险的情况中，参加了新农村合作医疗保险的农户占比 88.89%，说明农户新农村合作医疗保险的参与程度高，农户公共服务状况较好，因此，从农户整体情况来看，公共服务状况不是 L 村生计环境贫困的主要原因。从文化状况来看，近三年来，参加村里举办的各种文化活动 3 次以上的农户占比 29.63%，参加过村里举办的各种文化活动 3~9 次的农户占比 24.07%，参加过村里举办的各种文化活动 9 次以上的农户占比 18.52%。在对自己民族的传统文化的看法上，认为自己民族的传统文化与现代文明契合的农户占比 55.56%，认为自己民族的传统文化和现代文明存在一定冲突的农户占比 7.41%，认为自己民族的传统文化落后需要革新的农户占比 37.04%，表明村里大部分人都参加过村里举办的各种文化活动，且超过 50% 的人认为自己民族的传统文化与现代文明契合，因此，从所有农户整体情况来看，文化状况不是 L 村农户生计环境贫困的主要原因。从信息状况来看，在家人对政府的扶贫政策等了解的渠道及程度上，通过村里开会传达获得信息，比较了解政府扶贫政策的农户占比 27.78%；通过看电视等获得信息，比较了解政府扶贫政策的农户占比 20.37%；通过外部扶贫者的宣传，对政府的扶贫政策有一定了解的农户占比 24.07%。以上说明有 72.22% 的农户对政府扶贫政策有一定的了解。因此，从所有农户整体情况来看，信息状况不是 L 村农户生计环境贫困的主要原因。

另外自然环境方面，L 村还有一个非常重要的致贫原因，就是 L 村的路。去 L 村要徒步爬泥泞、险峻的 10 余公里的山路，花费两三个小时。L 村农户 SGPI 就认为，L 村一直贫困主要是因为没有路，L 村是吉首市海拔最高的地方，又位于深山之中，没有路出行很不方便，这就把 L 村与外面的世界隔绝开来，村里的东西运不出去，外面的东西运不进来。就算是盖个房子，所需要的建筑材料也难以运进来。村里年富力强的劳动力都想到外面去，没有想留在村子里的。

村民 SGSH 也认为，修路是 L 村人世世代代的梦想，L 村农户每次要下山赶集都要走 10 多公里的山路，背着、挑着那些沉重的东西既不方便也不安全。只要 L 村的路修好了，就能更好地联系外界，改变生计环境的状况。各级政府在 10 多年的时间里进行了多次修缮，但是最终也只修好了 5 公里的通村公路，一场大雨后路又没了，到处都是坑坑洼洼的泥巴。

综合农户的观点，造成 L 村生计环境贫困的原因主要有恶劣的自然条件状况和较差的经济状况。

二、基于生计链贫困：制度失灵效应的解释

L 村地处高寒山区，近 20 年来一直都是被扶贫的对象，但是各级政府付出了那么多努力，扶贫队伍来了一波又一波，为什么成效仍然不显著？为什么 L 村生计环境贫困现状还是没有得到根本性改变？我们可以从制度失灵效应中得到解释。

"制度失灵"效应是农户面临的经济、政治、思想和文化等制度因其固有的缺陷，使得制度在配置资源时，无法实现效益的最大化，造成市场失灵以及政策失灵，进而使农户面临的生计环境陷入贫困。生计环境在制度失灵效应的作用下，会使财富、权力、教育、公共产品等分配不公，导致农户面临的生计环境无法得到明显改善。L 村本身生计环境处于深度贫困之中，一般的制度干预对 L 村生计环境的影响不大，制度执行出现失效。此外，历次扶贫虽然有很多的政策和措施，但是由于各种未知的原因，很多政策和制度在 L 村出现了偏差。例如，政府虽然会给 L 村指定帮扶单位，但是帮扶单位往往受制于自身政策、体制和财力的限制，不能投入大量资金进行帮扶，整合政府部门资源时也不具有优势，需要政府大力支持和重点投入。但政府扶贫开发整合资源机制尚不健全，帮扶单位基本只能各自为政，各方联动机制无法形成，使得结对帮扶制度很多时候在 L 村无法真正发挥效力。

第二节 L 村生计资本贫困的成因

一、生计资本贫困的农户立场及主位解释

根据调查，人力资本方面，从劳动能力状况来看，农户家中有 0 个、1 个、2 个、3 个、4 个、5 个、6 个 15～60 岁的健康劳动力占比分别为 3.70%、24.07%、38.89%、16.67%、12.96%、1.85%、1.85%。农户家中有 0 个、1 个、2 个、3 个 10～14 岁或 60～70 岁能参加劳动的半劳动力占比分别为 46.30%、29.63%、22.22%、1.85%。农户家中有 0 个、1 个、2 个、3 个、4 个 9 岁以下、70 岁以上或完全不能参加劳动的病人占比分别为 57.41%、24.07%、9.26%、5.56%、3.70%。以上说明 L 村劳动能力状况较好，人口

老龄化问题不是特别突出，因此，从所有农户整体情况来看，劳动能力状况不是导致L村农户生计资本贫困的主要原因。从教育文化状况来看，农户家庭成员人均受教育年限在5年以下（包含5年）的占比42.59%，农户家庭成员人均受教育年限在5~9年的占比46.29%，农户家庭成员人均受教育年限在9~12年的占比3.7%，农户家庭成员人均受教育年限在12年以上（不包含12年）的占比7.4%，说明L村教育文化水平低，因此，从所有农户整体情况来看，教育文化状况低是L村农户生计资本贫困的主要原因之一。从职业技能状况来看，农户家庭没有农业劳动力的占比24.07%，农户家庭有1人是农业劳动力的占比37.01%，农户家庭有2人是农业劳动力的占比31.48%，农户家庭有3人是农业劳动力的占比7.41%，有1个非农业劳动力的占比5.56%，说明L村农户大部分是农业劳动力，非农业劳动力非常少。因此，从所有农户整体情况来看，职业状况单一是L村农户生计资本贫困的主要原因之一。

社会资本方面，从关系资本来看，家中有亲戚在城镇中居住且联系比较多的农户占比27.78%。同时，与村内10户以上家庭交往较多的农户占比68.51%，说明L村邻里关系较好，与外界也有一定的联系，因此，从所有农户整体情况来看，关系资本不是L村农户生计资本贫困的主要原因。从政治资本来看，有亲戚朋友担任村级及以上干部且有一定联系的农户占比16.67%，没有参加村里的合作社或其他（含宗教）组织的农户占比75.93%，家中有党员的农户占比仅为25.93%，说明L村农户亲戚朋友担任村级及以上干部且有一定联系的较少，村里大部分人没有参加合作社或其他组织，L村党员人数占比低，因此，从所有农户整体情况来看，政治资本较差是L村农户生计资本贫困的主要原因之一。

自然资本方面，从人均耕地面积来看，人均耕地面积在0.1公顷以上（不含0.1公顷）的仅有24.07%。因此，从所有农户整体情况来看，说明L村人均耕地面积少是L村农户生计资本贫困的主要原因之一。从人均林地面积来看，人均林地面积在0.1公顷以上（不含0.1公顷）的只有24.07%，说明L村农户人均林地面积比较少，因此，从所有农户整体情况来看，人均林地面积少是L村农户生计资本贫困的主要原因之一。

物质资本方面，从燃料使用情况来看，L村农户没有使用太阳能和沼气作为燃料的，使用电作为燃料的农户占比20.00%，使用液化气作为燃料的农户占比2.88%，使用煤球作为燃料的农户占比1.43%，使用柴草作为燃料的农户占比75.71%，说明L村燃料使用情况以柴草为主，因此，从所有农户整体情况来看，燃料原始粗放是 L 村农户生计资本贫困的主要原因之一。从居住情况来看，房屋是 10 年内新建的砖瓦或木质结构房的占比 11.11%，住房为 20 年内的砖瓦房或木质结构房的占比 16.67%，住房为 20 年以上的住房但房屋状况良好的占比 59.26%。人均住房面积在 15～30 平方米的占比 20.37%，人均住房面积在 30～40 平方米的占比 25.93%，人均住房面积在 40 平方米以上（不含 40 平方米）的占比 18.52%，说明 L 村大部分农户居住条件良好。因此，从农户整体情况来看，居住情况不是造成 L 村农户生计资本贫困的主要原因。从拥有资产来看，拥有抽水机的农户占比 1.85%，拥有收割机的农户占比 53.70%，拥有打米机的农户占比 66.67%，拥有三轮车或农用车辆（含货车）的农户占比 12.96%，经营店面的农户占比 1.85%，没有拥有生产性资产的农户占比仅 3.70%。拥有摩托车（面包车或轿车）的农户占比 42.59%，拥有手机或座机的农户占比 83.33%，拥有电冰箱的农户占比 31.48%，拥有洗衣机的农户占比 14.81%，拥有电视机的农户占比 77.78%，拥有热水器的农户占比 1.85%，拥有组合家具的农户占比 7.41%。说明 L 村大部分农户都拥有一种或多种必备的生产性资产或耐用消费品，因此，从所有农户整体情况来看，拥有资产状况不是 L 村农户生计资本贫困的主要原因。

金融资本方面，从现金量来看，家庭年收入 5000 元以下（包含 5000 元）的农户占比 25.93%，家庭年收入 5000～10000 元的农户占比 14.81%，家庭年收入 10000～15000 元的农户占比 15.96%，家庭年收入 15000 元以上（不含 15000 元）的农户占比 46.30%。说明 L 村大部分农户家庭年收入较低。因此，从所有农户整体情况来看，现金收入少是 L 村农户生计资本贫困的主要原因之一。从信贷资本来看，能从银行贷到款的农户占比 16.67%，不能从银行贷到款的农户占比 9.26%，没从银行贷过款（不知道能不能贷）的农户占比 74.07%。同时，能向亲戚朋友借到钱的农户占比 51.41%，不能向亲戚朋友借到钱的农户占比 16.67%，不知道能不能向亲戚朋友借到钱的农户占比 25.93%。有一点存款借给亲戚朋友的农户占比 18.52%，完全没有存款借给亲戚朋友的农户占比 81.48%。以上说明从银行贷款的农户较少，农户向亲戚朋友获取信贷资金的能力一般，大部分农户没有闲钱可以借给亲戚或朋友。因此，从所有农户整体情况来看，信贷资本少是 L 村农户生计资本贫困的主要原因之一。

综上所述，造成 L 村生计资本贫困的原因主要有教育文化状况低、职业状况单一、政治资本较差、人均耕地面积少、人均林地面积少、燃料原始粗放、现金收入少、信贷资本少。

二、基于生计链贫困：临界门槛效应的解释

临界门槛效应是指农户生计资本的积累存在临界门槛，在达到这一临界门槛之前，农户生计资本的积累对摆脱贫困是无效的，对于改善农户生活状况没有显著效果。当跨过这一临界门槛之后，农户生计资本的积累才是有效的，对于改善农户生活状况才有显著作用。人力资本、自然资本、资金资本、物质资本和社会资本的积累过程都面临这一门槛，低于这一临界门槛的生计资本积累对于农户改变贫困的现状没有显著作用。只有高于这一临界门槛的生计资本积累，才能对农户贫困现状的改善起作用。

L 村生计资本的积累也受临界门槛效应的影响，例如在教育文化上，L村农户普遍受教育程度低，大多数农户的子女早早就辍学去务工。即便有部分农户主观上想通过教育来摆脱贫困，但也会心有余而力不足，受限于自身决心和能力，这部分农户也无法突破固有临界门槛。同时，L 村农户整体上还存在思想保守、传统的小农意识根深蒂固、接受新事物的能力不足等问题，这些问题的存在对于 L 村农户突破生计资本的临界门槛也是一种桎梏。这也是为什么随着社会的发展，L 村农户的生活一天天在改善，但是生计资本还是整体处于贫困状态的原因。

第三节　L 村生计策略贫困的成因

一、生计策略贫困的农户立场及主位解释

多样化方面，从收入渠道来看，通过卖粮卖菜获得收入的农户占比30.33%，通过卖畜禽获得收入的农户占比 11.48%，通过卖果品获得收入的农户占比 1.64%，通过外出打工（含本地打工）获得收入的农户占比26.69%，通过做生意（含经营农家乐）获得收入的农户占比 3.28%，有固定工资收入的农户占比 2.46%，通过政府救助、补贴获得收入的农户占比9.02%，通过亲戚朋友资助获得收入的农户占比 1.64%，通过其他途径获得收入的农户占比 11.48%。以上说明 L 村农户主要以卖粮卖菜或外出打工（含本地打工）获得收入，有稳定收入来源的农户较少。因此，从所有农户

整体情况来看，农户收入渠道单一是 L 村农户生计资本贫困的主要原因之一。

包容性方面，L 村农户生计策略包容性得分为 3，表示"基本同意"，说明 L 村农户生计策略的包容性一般。因此，从所有农户整体情况来看，包容性不是造成 L 村农户生计资本贫困的主要原因。

现代化方面，L 村农户生计策略现代化得分为 2.89，处于"基本不同意"与"基本同意"之间，说明 L 村农户生计活动还未完全从传统的内容拓展到农业、工业和服务业等现代化部门或环节。因此，从所有农户整体情况来看，现代化程度较低是 L 村农户生计资本贫困的主要原因之一。

高效化方面，L 村农户生计策略高效化得分为 2.43，处于"基本不同意"与"基本同意"之间，说明 L 村农户生产活动中机械化程度较低，分工合作程度还处于较低状态。因此，从所有农户整体情况来看，高效化程度较低是 L 村农户生计资本贫困的主要原因之一。

绿色化方面，L 村农户生计策略绿色化得分为 3.15，处于"基本同意"与"同意"之间，说明 L 村农户生产活动中比以前更加注重保护环境。因此，从所有农户整体情况来看，绿色化程度不是 L 村农户生计资本贫困的主要原因。

综上所述，造成 L 村生计策略贫困的原因主要有农户收入渠道单一、现代化程度较低、高效化程度较低。

二、基于生计链贫困：邻里效应的解释

邻里效应指的是相邻的农户之间在生计策略的选择上会相互影响和相互作用。生计策略在邻里效应的作用下，群体内部家庭之间的生计策略会相互影响、相互渗透。由贫困引发的群体内部的懒惰、讥笑嘲讽、愤世嫉俗和玩世不恭等情况会传染，群体内一些短期获利、没有长远发展潜力的决策会得以传播。

L 村大部分农户的生计策略选择集中于务农和外出务工，这种情况很大程度上就是受邻里效应的影响。同时，邻里效应也很大程度上限制 L 村农户的眼界和认知，在这种影响下，L 村农户生计活动要想从传统的内容拓展到农业、工业和服务业等现代化部门及环节或者想提高生产活动中的机械化程度、分工合作程度都非常困难。

第四节 L村生计产出贫困的成因

一、生计产出贫困的农户立场及主位解释

收入状况方面，L村农户生计产出的收入状况得分为3.26，处于"基本同意"与"同意"之间，说明L村农户的家庭可支配收入更加充裕了。因此，从所有农户整体情况来看，收入状况不是造成L村农户生计产出贫困的主要原因。

生活水平方面，L村农户生计产出的生活水平得分为3.67，处于"基本同意"与"同意"之间，说明L村农户家庭成员生活水平得到了提高，饮食结构得到了改善，文娱活动更加丰富。因此，从所有农户整体情况来看，生活水平不是造成L村农户生计产出贫困的主要原因。

健康状况方面，L村农户生计产出的健康状况得分为2.43，处于"基本不同意"与"基本同意"之间，说明L村农户原有病情未完全得到有效控制和治疗，健康状况未完全得到有效改善。因此，从所有农户整体情况来看，健康状况未得到有效改善是造成L村农户生计产出贫困的主要原因之一。

教育程度方面，L村农户生计产出的教育程度得分为3.26，处于"基本同意"与"同意"之间，说明L村农户家庭成员教育程度、技能技术得到了一定的提升。因此，从所有农户整体情况来看，教育程度不是造成L村农户生计产出贫困的主要原因。

资源利用方面，L村农户生计产出的资源利用得分为2.96，处于"基本不同意"与"基本同意"之间，说明L村农户耕地、林地等资源的开发和利用未得到明显优化。因此，从所有农户整体情况来看，资源利用未得到明显优化是造成L村农户生计产出贫困的主要原因之一。

综上所述，造成L村生计产出贫困的原因主要有健康状况未得到有效改善、资源利用未得到明显优化。

二、基于生计链贫困：路径依赖效应的解释

路径依赖指的是农户现在的生计产出状况受以前生计产出状况的影响，生计产出状况一旦进入某一路径，就很容易对这种路径产生依赖。生计产出在路

径依赖效应的作用下，农户的生计产出会被长期锁定在初始的低水平状态，得不到改善。

L 村的农户生计产出中健康状况未得到有效改善以及资源利用状况未得到明显优化，主要是受路径依赖效应的影响，路径依赖效应使 L 村农户对生计产出中的健康状况以及资源利用状况产生惯性，这种惯性的作用会导致两者的整体状况不容易被改变，难以摆脱开始的低水平发展状态。

本 章 小 结

本章从农户的立场分析了 L 村农户生计环境贫困、生计资本贫困、生计策略贫困和生计产出贫困的原因。研究发现，造成 L 村生计环境贫困的原因主要有恶劣的自然条件状况、较差的经济状况；造成 L 村生计资本贫困的原因主要有教育文化水平低、职业状况单一、政治资本较差、人均耕地面积少、人均林地面积少、燃料原始粗放、现金收入少、信贷资本少；造成 L 村生计策略贫困的原因主要有农户收入渠道单一、现代化程度较低、高效化程度较低；造成 L 村生计产出贫困的原因主要有健康状况未得到有效改善、资源利用未得到明显优化。最后，利用生计链贫困中的制度失灵效应、临界门槛效应、邻里效应、路径依赖效应，对 L 村农户生计环境贫困、生计资本贫困、生计策略贫困和生计产出贫困的原因进行了理论解释。

第五章

L村精准扶贫与生计链贫困的化解

自精准扶贫开展以来，L村的面貌发生了非常大的变化，特别是对口帮扶高校与L村实行对口帮扶之后，在各级政府的领导和支持下，对口帮扶高校整合各种资源，从生计环境、生计资本、生计策略和生计产出四个环节举全校之力对L村实施帮扶。为全面了解精准扶贫过程中L村对生计链贫困的化解策略及效果，于2016年12月对L村进行了跟踪访谈和调查。通过访谈和调查了解到，仅2016年全年对口帮扶高校先后直接投入96.25万元，并整合各类项目资金1060万元用于L村的发展和建设，帮扶成效十分显著。截至2016年底，L村如期实现了建档立卡户49户共201人的脱贫目标，这些农户分别是：SGPI、SSYI、SCHE、SMZH、STSO、SKNA、SGZH、XSQU、SZYO、SJGI、SCXI、SSHZ、SBMA、SCWA、XSXI、SSZE、SYUH、SSZH、SLAE、SCYU、SHQF、SBAS、SGUY、SJFA、XSHH、SSXS、SGYO、SJCH、SJPI、SJGE、YLRO、SGAQ、SHYI、SZJU、SSJI、SYZH、SSLI、SGMI、SXIW、SHYQ、SMIZ、SGYI、XSQI、SGFU、SCSH、SMYU、SGHU、SGZO、SGJU。下面将分别从生计环境、生计资本、生计策略、生计产出四个环节分析精准扶贫对L村贫困的化解之道。以下案例资料均根据实地调研和深度访谈材料整理。

第一节 精准扶贫与生计环境贫困的化解

一、自然环境贫困的化解

在生计环境贫困方面，针对自然环境贫困，为了解决因制度失灵造成的L村自然环境无法改善的问题，L村在精准扶贫中主要实施了"自然灾害防治＋财政扶贫"和基础设施建设扶贫（包括水利扶贫、交通扶贫、网络扶贫、公共设施建设扶贫）等化解策略。

第一，"自然灾害防治扶贫＋财政扶贫"。自然灾害防治扶贫是指通过加强对影响贫困农户生计发展的自然灾害进行预防和治理，从而改善贫困农户的生计环境，进而实现脱贫的一种扶贫方式。目前，深受稻作文化影响的 L 村农业生产主要以粮食、蔬菜种植和畜牧养殖为主，这种生计方式容易受到自然灾害的影响，所以 L 村非常重视对自然灾害的防治，一方面加大宣传力度，全面提高村民的灾害防治知识，重视提前防范；另一方面通过各种途径，加大对受灾农户的支持和帮扶力度，帮助他们渡过难关。2016 年 L 村给 SGSH、SZJU、SCWA、SZMI、SGZO、SJCA、SSHJ、SHLX、SSZH 等家庭发放自然灾害救济生活补助共计 9400 元。

第二，基础设施建设扶贫。基础设施建设扶贫指的是通过加强贫困地区的基础设施建设来改造贫困地区自然环境和社会环境，进而提高农户收入的扶贫方式。基础设施条件差是很多贫困地区难以脱贫致富的重要原因之一，通过对水利、交通、网络、公共设施等的修建，能极大改善农户的生活环境。基础设施建设扶贫的特点：一是牵涉面广、投资大，二是基础设施建设扶贫是其他扶贫方式顺利实施的基础。L 村以前的基础设施非常落后，严重制约了 L 村的生产、生活，给村民造成了极大不便，L 村农户最关心的道路、生活用水、医疗、卫生、电视信号、电等基础设施建设，自对口帮扶高校驻村帮扶以来得到逐步改善。从水利扶贫来看，2016 年，在吉首市水利局和吉首市扶贫办的支持下，筹集了 39 万元用于正在建设的人饮工程（包括：蓄水池，水源修整、管道入户、消防等基础设施）。同时，在吉首市水利局的支持下，筹集了 15 万元用于正在建设的水渠、山塘、防洪堤等基础设施；从交通扶贫来看，在吉首市交通局、吉首市扶贫办支持下，筹集了 360 余万元资金用于大兴寨到 L 村 5 公里公路硬化以及沿线回车道、挡土墙、防护墙和排水系统等配套设施的建设。在吉首市交通局的支持下，筹集了 70 余万元资金实施了 1 公里产业路建设工程。从网络扶贫来看，在吉首市铁塔公司的支持下，筹集了 35 万元资金建成了通信网络 4G 基站工程项目；在湘西自治州移动公司的支持下，筹集了 10 万元完成了光纤宽带工程项目。截至 2016 年底，L 村通广播电视的有 82 户，通宽带的有 82 户，可用手机上网的有 77 户。从公共设施建设扶贫来看，2016 年在湖南省发改委、吉首市委组织部和湖南省扶贫办的支持下，筹集了 290 万元用于新村部的建设。

二、社会环境贫困的化解

在生计环境贫困方面，针对社会资本贫困，L 村在精准扶贫中主要实施了集体经济扶贫、信息扶贫、民主扶贫、制度扶贫、基层组织建设扶贫、市场扶贫等化解策略。

第一，集体经济扶贫。集体经济扶贫指的是贫困村通过有效地整合本村资源发展集体经济，改善村里的环境和基础设施，是提高村民收入的一种扶贫方式。集体经济扶贫的特点是：一要因地制宜，发展绿色产业，要根据自身的特点，发展绿色的、有基础的、有市场的产业，如特种养殖等；二是要坚持"引进来"和"走出去"相结合。集体经济扶贫要根据自身的条件，引进企业、技术或者人才，同时也要走出去学习和营销。L 村通过与高校共建产学研基地，入股企业共建猕猴桃基地和发展光伏发电项目，仅 2016 年 L 村集体经济收入就达到 5 万元。

第二，信息扶贫。信息扶贫指的是通过引导贫困人口充分利用信息、网络等技术，提高其获取就业政策信息的能力，有效解决信息不对称等问题，逐步消除贫困人口信息贫困问题。信息扶贫的特点是：一是以信息技术和网络技术为载体，信息的广泛传播需要借助信息技术和网络技术，信息扶贫需要加强贫困人口的受教育水平；二是信息扶贫要立足于本土化，针对贫困人口实际情况进行调整和变化，这样能更好地将信息扶贫的方法本土化，避免"消化不良"的问题。在信息扶贫方面，L 村主要通过加强对帮扶政策的宣传来实现。一方面，通过广播、会议、入户宣讲、宣传栏、标语等多种形式广泛宣传涉农惠农及精准扶贫政策，使得涉农惠农及精准扶贫政策家喻户晓。另一方面是通过互联网等现代技术的加强，跟踪相关就业、务工信息，为村民就业、务工提供便利。

第三，民主扶贫。民主扶贫主要是指通过发挥集体智慧，进行集体决策，充分发动并引导农户参加村级事务管理的一种扶贫方式。2016 年 L 村干部平均每家入户达 4 次以上，召开村民大会 4 次以上，召开党员会议 5 次以上，召开村支两委会议 20 余次。

第四，制度扶贫。制度扶贫是通过建立完善的制度来规范扶贫行为，提高扶贫效果的一种扶贫方式。L 村坚持和完善了共产党员党内民主生活、党员学习制度和流动党员管理制度。2016 年全年召开党员会议 5 次以上，组织党员参加政治学习 4 次，建立了流动党员管理台账。完善了一系列村级管理制度，实现了制度常态化。在各项财政扶贫资金的申报使用、产业发展和项目实施、结对帮扶等关系村民切身利益的重大事项上，L 村都会召开村支两委会议和村民代表大会，让权力在制度内运行。另外，L 村进一步完善了《扶贫手册》，将各项重要的扶贫政策、扶贫路线图、扶贫任务等都进行公示，进一步加强宣传，强化责任。

第五，基层组织建设扶贫。基层组织建设扶贫是指通过加强基础组织的建设，形成一个强有力的领导班子，集中组织和带领村民改善村里的环境，实现脱贫致富的一种扶贫方式。基础组织建设扶贫的特点是：一是基层党组织要充分发挥作用，通过培训教育和树立典型等举措实现基层组织在思想和行动上的统一；二是要选拔有能力、有干劲的基层组织负责人，注重负责人的选任，要尊重民意，选拔德才兼备、能力突出的人来担任基层组织负责人。L 村按照"领导班子好，党员队伍好，工作机制好，工作业绩好，群众反映好"的要求，不断加强村支两委建设，使得村党支部、村委会、共青团、妇代会、民兵营、治保会等村级组织逐步健全，发挥了村党支部的战斗堡垒作用和党员的先锋模范作用，做到了有党员致富带头人、每个有劳动能力的党员都有脱贫致富项目、每个有能力的党员至少结对帮扶 1 户建档立卡贫困户。同时，L 村以开展"两学一做"学习教育为抓手，大力加强基层党组织建设，取得显著成绩。村支两委注重培养村里的能人及党员作为后备干部参与村级事务的管理，对德才兼备、带头致富能力突出、奉献精神强、群众评价高的中青年进行重点培养和全面考察。

第六，市场扶贫。市场扶贫就是针对贫困地区缺少市场或者市场发育不良的情况，政府及有关扶贫帮扶主体通过加大推介力度，实现市场运作与政府牵头相结合，帮助贫困地区开发市场的一种扶贫手段①。市场扶贫主要强调针对贫困地区的实际需要，挖掘、开发市场潜力，帮助贫困地区解决产品没有销路等问题。L 村依托本地高校对接产业发展，不但扩大了 L 村农产品的消费市场，解决了 L 村农副产品的销路问题，也带动了 L 村农户生产的积极性，加速了脱贫致富的步伐。

L 村采取的上述生计环境贫困化解策略对 L 村农户解决其生计环境贫困起着重要作用，通过案例 5 - 1 具体说明生计环境化解情况。

---

① 邓小海. 旅游精准扶贫理论与实践 [M]. 北京：知识产权出版社，2016：118.

案例 5 – 1：L 村农户生计环境贫困化解

访谈时间：2016 年 12 月；地点：受访者家中；受访者姓名：SMMZ；受访者编号：028；受访者性别：女；受访者年龄：51 岁。

这一年变化非常大，以前我们 L 村村民世世代代盼望着要有一条通往山下的路，现在终于成了现实，下山终于可以不再走泥泞路了。还帮我们改造了篮球场，村里的孩子们没事就喜欢去那里玩耍。以往我们都是去背山泉水喝，现在山泉水都直接用水管接到家里，拧开龙头就可以用，别提多方便了。你看我手机信号都是满格，就是因为建了后面山上的基站。我们种的蔬菜和养的鸡鸭，对口帮扶高校都帮我们解决销路，卖到他们食堂去了，而且价格还不低。现在上面还在帮我们修新的村部，看那个照片真的好气派。对口帮扶高校的领导还帮我家买了新农村合作医疗和新型农村社会养老保险，这些差不多一年要花费 800 多元，平常过来看望我们还给我发了 1000 多块钱的慰问金。今年还得了耕地地力保护补贴 546 元，政策真的是太好了。还有，今年我还参加了养殖技术培训，学到了很多养殖方面的知识。现在村里不但介绍我家去外面打工，还支持我们家养了 1 头猪、5 头牛、80 只羊、160 只鸡鸭，种了蔬菜 1.5 亩（约 0.1 公顷）、魔芋 1 亩（约 0.0667 公顷），光这些养殖种植的奖励补贴就有将近 24000 元。

SMMZ 属于仅生计环境主要素贫困，自然环境、人力资本、自然资本、物质资本、高效化、健康状况子要素贫困的农户。L 村对她家实施了基础设施建设扶贫、市场扶贫、基础组织建设扶贫、制度扶贫、信息扶贫等手段来化解所面临的生计环境贫困问题。针对人力资本、自然资本、物质资本、高效化、健康状况贫困，L 村还实施了"农林种植扶贫＋家畜养殖扶贫"、资金扶贫、社会捐赠扶贫、素质扶贫、医疗扶贫等手段改善其生活状况，提升其自我发展能力。

第二节　精准扶贫与生计资本贫困的化解

一、人力资本贫困的化解

在生计资本贫困方面，针对人力资本贫困，L 村在精准扶贫中主要实施了素质扶贫、医疗扶贫、智力扶贫等化解策略。

第一，素质扶贫。素质扶贫是与传统的救济式扶贫和开发式扶贫不同的新的扶贫方式①。素质扶贫的特点主要表现为：一是坚持生存和发展相统一，二是坚持外部帮扶和自我发展相统一。L 村根据农户缺技术的问题，组织有能力、有意愿的农户进行就业技能培训，提高他们的技能水平。2016 年，在吉首市人力资源和社会保障局的支持下，筹集了 4 万元用于组织 L 村农户进行农业技术、技能学习培训，极大地提高了贫困农户的各项技能。

第二，医疗扶贫。医疗扶贫是指"对因病致贫、因病返贫及患有特殊疾病的家庭和个人开展治疗补助和帮扶"②。医疗扶贫的特点主要表现在：一是医疗扶贫的重点是解决已存在的因病致贫和因病返贫，二是把握好医疗扶贫和健康扶贫的关系。L 村对贫困农户进行医疗救助，缴纳医疗保险，提高贫困农户抗疾病风险的能力，从源头上解决因病致贫的问题。L 村 2016 年对 11 人进行了医疗救助，报销比例均在 80% 以上，同时对口帮扶高校的结对帮扶干部为所有农户缴纳了农村合作医疗保险。

第三，智力扶贫。智力扶贫即针对产业化扶贫项目和相关产业所需人才开展各种实用技术培训，实现"门口办班、就地培训、出门就业"。同时，实施"雨露计划·圆梦行动""雨露计划·助学工程"和"雨露计划·民族民间技艺培训"项目等③。智力扶贫的特点主要表现如下。一是以实用的技能培训为抓手。实用的技能培训是贫困人口十分需要的，能解决贫困人口亟待解决的问题。二是以全面提升贫困人口思想、文化、技能为目标。仅进行实用技能培训是远远不够的，要想长久地摆脱贫困状态，阻断贫困的链条，还需要改变贫困人口的精神面貌。L 村村委深知扶贫更要扶智，历来注重提高适龄儿童的知识水平，改善他们的智力结构。2016 年，L 村联合对口帮扶高校团委开展大学生暑期"三下乡"活动，总投入 2 万余元，组织 26 名大学生到村开展为期 10 天的义务支教、结对帮教、资助等活动，不但丰富了村民的日常生活，也为留守儿童送去温暖。同时，2016 年 L 村首次实现了义务教育阶段学生完成学业后全部继续就读高一级学校的目标。另外，村内适龄学生也已全部入学接受义务教育，考上中专、高中的贫困户子女无因贫困辍学的现象。

---

① 唐镜. 素质扶贫：面向二十一世纪的扶贫新战略 [J]. 学习导报，2000 (4)：16 - 19.

② 蔡进华，王富珍，高胜利. 基于疾病预防视角对医疗扶贫的思考 [J]. 中国健康教育，2017，33 (5)：477 - 479.

③ 王微. 贵州"智力扶贫"实证分析 [J]. 贵阳市委党校学报，2013 (3)：11 - 14.

二、社会资本贫困的化解

在生计资本贫困方面，针对社会资本贫困，L村在精准扶贫中实施了对口帮扶扶贫、"业主带动扶贫 + 专业合作社扶贫"、干部驻村帮扶扶贫、志愿扶贫、社会捐赠扶贫等化解策略。

第一，对口帮扶扶贫。该模式主要包括三个层次：东部发达地区帮扶西部贫困地区、各机关工作人员帮扶辖区内贫困县市、社会组织帮扶贫困地区[①]。这里所说的对口帮扶扶贫是指的是第二个层次，即各机关工作人员等帮扶辖区内贫困县市等。对口帮扶高校采用"干部结对负责、单位后盾支撑"的结对帮扶模式，对L村所有农户（包括贫困户和非贫困户）实施全面结对帮扶。对口帮扶高校2016年全年组织结对干部走访结对户至少2次以上，帮助贫困户解决了实际困难，共计投入资金20余万元，农户平均每户收益3000元以上。

第二，"业主带动扶贫 + 专业合作社扶贫"。业主带动扶贫指的是通过重点扶持业主（能人、龙头企业、中心基地）来带动贫困群众发展产业，实现脱贫的一种扶贫手段[②]。业主带动扶贫主要强调优势主体的带动作用，不管是能人、龙头企业或者是中心基地都是贫困地区发展较好的个人或组织，其成熟的产业或者运作方式对当地的贫困者有很强的引导作用，通过先富带动后富来实现脱贫。专业合作社扶贫指的是以合作社成员为服务对象，提高贫困户组织化程度，优化农业资源配置的扶贫方式[③]。L村对缺少劳动能力或缺乏生产技术的贫困户，委托能人大户或专业合作社进行帮扶。2016年，投入25万元委托三个合作社对建档立卡贫困户48户进行了帮扶，每户平均获益将近3000元。

第三，干部驻村帮扶扶贫。干部驻村帮扶扶贫的特点是：一是选派的干部要具有较高的政治素质，能力较强，有培养前途；二是驻村干部要充分发挥其自身优势，帮助贫困村解决其贫困问题。对口帮扶高校先后派3个中青年干部组成驻村工作队赴L村进行驻村帮扶，并选派了大学生村官到L村任职，驻村

---

① 本书编委会. 连片特困地区扶贫规划编制理论与方法 [M]. 北京：中国财政经济出版社，2011：96.

② 韩国明. 农村基层政权建设知识读本 [M]. 兰州：兰州大学出版社，2009：198.

③ 康健，高亚平. 农民专业合作社的扶贫效应及相关政策研究 [J]. 现代农村科技，2016（17）：8 – 10.

工作队和大学生村官的加入给 L 村村支两委注入了新鲜的血液，充实了村支两委的力量，激发了村支两委的活力和干劲。特别是对口帮扶高校驻村工作队作为各项扶贫政策的主要执行者和推动者，架起了高校和 L 村对口帮扶的桥梁，对 L 村贫困农户脱贫起着重要作用。

第四，志愿扶贫。志愿扶贫指的是通过倡导社会组织或个人到贫困地区进行公益服务来扶贫的一种方式。志愿扶贫的特点主要表现为：一是参与者都是自愿参加，二是需要通过政府或社会大力倡导和宣传。对口帮扶高校大学生志愿者会定期到 L 村开展政策宣讲、精准扶贫调研、关爱老人儿童活动，为 L 村带去欢笑和活力，增强 L 村村民脱贫致富的信心和希望。

第五，社会捐赠扶贫。社会捐赠扶贫也叫爱心扶贫。社会捐赠扶贫指的是社会组织或个人等通过捐钱、捐物的方式帮助贫困者脱贫的一种方式。社会捐赠扶贫的特点主要体现在：一是社会捐赠扶贫的主体，不管是社会组织，还是个人，都应该是无附带条件的捐赠；二是社会捐赠扶贫需要靠政府来规范资金的使用；三是社会捐赠扶贫要接受群众监督，让资金或捐赠行为在阳光下运行。对口帮扶高校副处级以上干部定期到 L 村结对帮扶户家中发放慰问金，并帮助缴纳相关费用等。另外，2016 年，对口帮扶高校投入帮扶专项资金 64 万元，作为 L 村村部、公路、人饮、光伏等项目的征地、建设费用以及工作队人员办公、差旅费用等。为帮助 L 村全面落实"同建同治"，对口帮扶高校投入"同建同治"专项经费 0.75 万元，并投入 0.5 万元作为 L 村临时村部租用经费。

从案例 5-2 看 L 村生计资本贫困的化解情况。

案例 5-2：L 村农户生计资本贫困化解

访谈时间：2016 年 12 月；地点：受访者家中；受访者姓名：SSZE；受访者编号：034；受访者性别：男；受访者年龄：75 岁。

今年我家委托合作社养羊 6 只，预计能分到 3000 元。对口帮扶高校帮助我们全家缴纳了新农村合作医疗和新型农村养老保险，这些就给我家省去了1100 元左右的花费。平常对口帮扶高校领导还定期来村里慰问我们，给我家资助的现金大概有 2000 元，还给我家送了很多物资。为帮助我一个孙子（SHYB）和两个孙女（SYUQ 和 SHYM）完成学业，对口帮扶高校帮我家争取校友的支持，给我家资助了助学金 3300 元（2016 年 1 月）。今年村里还推荐我家儿子（SHCM）和儿媳（LOYZ）参加了养殖技术培训。现在我儿子外面务工，我儿媳在家里创业，家里一下子活络了。我还把我们家的土地流转了

3.1 亩（约 0.2067 公顷）去种植猕猴桃，预计可以得到 1500 元。村里今年还给我家发了森林生态公益林补贴 1305 元，耕地地力保护补贴 409.5 元。

SSZE 属于生计资本主要素贫困，人力资本、社会资本、自然资本、金融资本、多样化子要素贫困的农户。L村针对他家的实际情况，分别实施了素质扶贫、医疗扶贫、专业合作社扶贫、社会捐赠扶贫、"耕地地力保护扶贫 + 财政扶贫"、资金扶贫、金融扶贫、物质扶贫等策略。这些策略极大地化解了SSZE 家的生计资本贫困问题。2016 年 SSZE 家的人均纯收入达到 4790 元，实现脱贫目标。

三、自然资本贫困的化解

在生计资本贫困方面，针对自然资本贫困，L村在精准扶贫中实施了退耕还林扶贫、"耕地地力保护扶贫 + 财政扶贫"等化解策略。

第一，退耕还林扶贫。退耕还林扶贫是指通过改变土地的用途，利用耕地与林地的用途多样性和替代性来满足贫困农户的生活需求。退耕还林有利于恢复生态功能性作用，使贫困地区生态环境的价值得到逐步提升，进而提高农业自然生产力[1]。按照"绿水青山就是金山银山"的理念，L村2016年充分发动农户实施退耕还林，全年退耕还林面积约 3.3333 公顷。

第二，"耕地地力保护扶贫 + 财政扶贫"。耕地地力保护扶贫是指在特定气候区域，对地形地貌、成土母质、土壤理化性状、农田基础设施和培肥水平等要素构成的耕地生产能力进行保护，进而实现耕地可持续，满足贫困农户生活需要的扶贫方式[2]。为了加强农业生态资源的保护，维护好 L村耕地的生产能力，L村鼓励农户主动改善现有耕地的生产能力，保证现有土地不撂荒，鼓励施用绿肥，给 L村村民发放耕地地力保护补贴共计 31311 元。

四、物质资本贫困的化解

在生计资本贫困方面，针对物质资本贫困，L村在精准扶贫中实施了"危房改造扶贫 + 财政扶贫""物质扶贫 + 财政扶贫"等化解策略。

---

① 陈健生. 论退耕还林与减缓山区贫困的关系 [J]. 当代财经, 2006（10）: 5–12.
② 吴鹏飞，孙先明，龚素华，刘洪斌. 耕地地力评价可持续研究发展方向探讨 [J]. 土壤，2011，43（6）: 876–882.

第一，"危房改造扶贫 + 财政扶贫"。危房改造扶贫是指对结构已严重损坏或承重构件已属危险构件，随时有可能丧失结构稳定和承载能力，不能保证居住和使用安全的房屋进行改造，以改善贫困农户居住环境的扶贫手段。L 村的传统民居大部分保存完好，但也有个别贫困户存在无房或居住在危房中的情况。通过 L 村村支两委的努力，2016 年改造 D 级危房 2 户，并给这 2 户争取危房改造补助资金共计 4 万元。

第二，"物质扶贫 + 财政扶贫"。物质扶贫指的是通过给贫困者物质方面的帮助促使贫困者脱贫的一种扶贫方式，是相对于精神扶贫而言的扶贫方式。物质扶贫属于"输血式"扶贫，需要和其他扶贫方式一起使用才能达到扶贫的目的，单纯的物质扶贫，一般很难达到扶贫的效果。在物质帮扶方面，对口帮扶高校副处级以上干部会定期到 L 村发放慰问物资。同时，2016年，对口帮扶高校援助了 L 村村部电脑、打印机、复印机，扫描传真机、摄像机各 1 台，电脑耗材若干，价值 2 万余元，大大改善了 L 村村部办公环境，提高了办公效率。另外，L 村鼓励农户购置现代化的生产工具，给 XSXI、LICW、SCWE 发放农机具购置补贴共计 3200 元。

五、金融资本贫困的化解

在生计资本贫困方面，针对金融资本贫困，L 村在精准扶贫中实施了资金扶贫、金融扶贫等化解策略。

第一，资金扶贫。资金扶贫指的是通过资金的投入、运作，来帮助贫困农户脱贫致富的一种扶贫手段。资金扶贫包括外资扶贫、财政扶贫、社区基金扶贫（社区发展基金扶贫）、村级发展互助资金扶贫、农村资金互助社扶贫。这里的资金扶贫主要是指财政扶贫。财政扶贫指的是通过财政转移支付（一般性转移支付和专项转移支付）等手段给贫困农户提供资金救助的扶贫手段。L 村主要利用财政扶贫资金，通过以奖代补的形式对发展产业的贫困户进行直接帮扶。2016 年，利用专项财扶资金 27.8 万元直接补贴 50 户农户（其中贫困户47 户），平均每户收益 5500 元以上。另外，SGSH、SZMI、SCQI、SHYF 等作为 L 村的村干部，在为贫困农户脱贫致富费心费力的同时，也能得到一定的财政补贴，大大改善了他们家庭的经济状况，2016 年他们共获得财政补贴的村干部工资 3 万余元。

第二，金融扶贫。金融扶贫的特点是：一是以金融系统为依托；二是坚持市场为导向；三是强调"造血式"扶贫①。金融扶贫包括小额信贷扶贫。小额信贷扶贫从 1996 年开始全面实施，主要针对贫困地区②。小额信贷扶贫指的是结合财政转移支付和金融创新，将小额贷款持续提供给贫困农户，并最终提高贫困农户收入水平的一种扶贫方式。小额信贷扶贫的特点主要体现在，一是要给贫困农户提供小额信贷的金融服务，二是要保障小额信贷机构本身的生存和发展③。为了让有贷款需求的农户能顺利贷到所需资金，L 村村支两委加强了相关优惠政策的宣讲，并主动为农户贷款提供便利。2016 年 L 村一共有 3 户农户贷款，其中顺利批复的扶贫小额信贷有 2 户，解决了农户有项目无资金的困境。

第三节　精准扶贫与生计策略贫困的化解

一、多样化贫困的化解

在生计策略贫困方面，针对多样化贫困，L 村在精准扶贫中实施了"农林种植扶贫 + 家畜养殖扶贫 + 集体经济扶贫"等化解策略。农林种植扶贫是指通过支持贫困农户进行农林养殖而实现脱贫的一种扶贫手段；家畜养殖扶贫是通过支持贫困农户进行家畜的养殖而实现脱贫的一种扶贫手段；集体经济扶贫指的是指贫困村通过有效整合本村资源发展集体经济，改善村里的环境和基础设施，提高村民收入的一种扶贫方式。集体经济扶贫的特点是：一要因地制宜，发展绿色产业。集体经济的发展要根据自身的特点，发展绿色的、有基础的、有市场的产业，如特种养殖等。二要坚持"引进来"和"走出去"相结合，引进企业、技术或者人才，同时也要走出去学习和营销。L 村落实财扶资金 72 万元，农民贷款、自筹资金 20 余万元，引入企业资金 100 万元，启动了高山养殖、种植基地项目，实现了平均每户产业收益 6000 元以上。2016 年，在吉首市扶贫办的支持下，筹集了 15 万元发展养殖山羊、黄牛、生猪项目；筹集了 10 万元发展养殖土鸡、土鸭项目；筹集了 6 万元种植蔬菜项目；在吉首市扶贫办和吉首市民宗委的支持下，筹集了 13 万元用于种植果木、药材；在吉

①　向德平，黄承伟．中国反贫困发展报 2015：市场主体参与扶贫专题 ［M］．湖北：华中科技大学出版社，2015：206 – 207.

②　段庆林．城与乡：宁夏二元结构变迁研究 ［M］．银川：宁夏人民出版社，2012：269.

③　丁忠兰．云南民族地区扶贫模式研究 ［M］．北京：中国农业科学技术出版社，2012：100.

首市扶贫办和湘西好果子公司的支持下，筹集了122万元用于猕猴桃基地建设（集体经济）。

二、包容性贫困的化解

在生计策略贫困方面，针对包容性贫困，L村在精准扶贫中实施了"土地流转扶贫＋入股带动扶贫"、外出务工扶贫、创业就业扶贫等化解策略。

第一，"土地流转扶贫＋入股带动扶贫"。土地流转扶贫一般是指将贫困地区自然环境差、生产方式原始、基础设施落后、农业投入不足的一部分闲置土地由农户自愿通过一定的规则流转给专业合作社、种植大户和农村集体经济组织，从而实现规模化、集约化、市场化经营。土地流转扶贫要以自愿为原则，同时要避免由于大量土地流向资本雄厚的企业再次造成农村贫富差距扩大，另外土地流转扶贫不能改变土地原有的用途，只能用于农业经营和生产[①]。土地入股带动扶贫指的是贫困农户以土地承包权入股专业合作社、种植大户和农村集体经济组织并获得股权，入股农户成为股东，获取股权收益的一种扶贫手段。土地入股带动扶贫的受让主体应该是专业合作社、种植大户和农村集体经济组织，而不是工商企业，另外不能动摇以家庭承包经营为基础，统分结合的双层经营体制这一农村基本经营制度[②]。L村2016年流转土地约7.3333公顷，并筹资22万元以红色股份的形式入股猕猴桃产业项目开发，让有意愿发展产业但缺少资金的人有了盼头。

第二，外出务工扶贫。外出务工扶贫指的是对于一些本地没有增加收入的方法或途径的贫困地区，引导有一技之长或劳动能力的贫困者到经济发展较好的地方务工以改善贫困状况的扶贫方式。外出务工扶贫是贫困群体谋求发展，通过自身劳动解决贫困现状的扶贫方式，需要劳动者有一定的劳动能力。同时贫困者外出务工还可以加强贫困地区与外界的联系，贫困者通过学习经济发达地区的技术和模式，将这种技术和模式带到村里，进一步带动贫困群体的发展。L村很多农户想要外出务工，但是没有门路和途径，L村村支两委通过各种途径为劳动力转移就业提供了便利。2016年L村常年在外务工54人，其中省外务工24人，省内30人，每人能够为每户带来2万元以上的务工收入。

① 赵春雨. 贫困地区土地流转与扶贫中集体经济组织发展——山西省余化乡扶贫实践探索 [J]. 农业经济问题, 2017, 38 (8): 11–16.

② 曹利群. "土地入股"需慎行 [J]. 中国党政干部论坛, 2009 (7): 16–19.

第三，创业就业扶贫。创业就业扶贫是通过支持或引导贫困群体创业就业来实现脱贫的一种扶贫手段。创业就业扶贫属于"造血式"扶贫，主要是通过培养贫困群体的自我发展能力来实现脱贫。L 村 2016 年对有创业意愿的农户加强了技能培训，鼓励农户在家创业就业。

三、现代化贫困的化解

在生计策略贫困方面，针对现代化贫困，L 村在精准扶贫中实施了生态建设和维护扶贫、科技特派员扶贫、科技扶贫、产业扶贫等化解策略。

第一，生态建设和维护扶贫。生态建设和维护扶贫是贫困农户通过参与生态建设和维护以获得收入的一种扶贫方式，如护林员。生态建设和维护扶贫将扶贫工作和生态保护结合起来，有利于推动生态文明建设。L 村村委注重实施生态维护和建设，在贫困户中聘任了 3 人担任护林员，这些护林员在完成护林任务、保护生计环境的同时，每人一年也能获得将近 1 万元的工资收入，不仅为贫困农户提供了服务的岗位和就业机会，也实现了生态保护与脱贫致富的双赢。

第二，科技特派员扶贫。科技特派员扶贫主要是指政府根据实际需要，选拔一些优秀的技术人员到贫困地区指导工农业生产的一种扶贫方式①。为了帮助 L 村种植业实现生态种植和科学种植，吉首市派农业局茶叶推广站农艺师科技特派员到 L 村指导茶叶、水果的种植，为贫困农户脱贫致富提供知识支持。

第三，科技扶贫。科技扶贫的特点主要体现在：一是强调自我发展；二是注重引进先进、成熟、适用的技术；三是注重将治穷和治愚相结合②。L 村通过与对口帮扶高校建立产学研基地，引入两个农业科技开发公司，成立了多个农民专业合作社，将对口帮扶高校在知识、科技、人才等方面的优势和 L 村的发展、农民增产增收结合起来。

第四，产业扶贫。产业扶贫指的是通过发展产业来进行扶贫的一种手段。L 村在精准扶贫过程中，非常重视通过产业发展来加快农户传统生计的转型，拓宽农户的就业渠道，缓解 L 村农业生产与耕地、林地之间的矛盾，进而大幅度提高农户的收入。近年来，L 村投入将近 200 万元，主要发展猕猴桃产业和

① 许峰. 科技特派员扶贫制度研究——以浙江台州为例 [J]. 西南农业大学学报（社会科学版），2013，11（5）：65 – 66.
② 丁忠兰. 云南民族地区扶贫模式研究 [M]. 北京：中国农业科学技术出版社，2012：33.

养殖产业，初步建成了猕猴桃百亩示范园和养殖基地。养殖产业的发展主要是利用 L 村的自然资源，发展山羊、黄牛、土鸡、土鸭、生猪等养殖产业和高山蔬菜种植产业。通过这些产业发展的措施，L 村逐步实现了所有农户产业发展帮扶全覆盖，仅通过财政扶持资金对发展产业的奖补和委托合作社帮扶就能实现每年每户平均获得 6000 元以上的产业收益。

四、高效化贫困的化解

在生计策略贫困方面，针对高效化贫困，L 村在精准扶贫中实施了项目带动扶贫和光伏扶贫等化解策略。

第一，项目带动扶贫。项目带动扶贫是通过扶贫项目带动贫困者脱贫的一种扶贫方式，如吸纳贫困者务工等。2016 年，L 村通过与对口帮扶高校合作共建大学生社会实践基地、民族团结进步创建示范基地以及产学研合作基地等项目进一步带动了贫困农户的积极性，改变了贫困农户自给自足的小农观念，提高了贫困农户参与分工合作的意愿。

第二，光伏扶贫。光伏扶贫属于项目扶贫的一种，主要是通过开发贫困地区分布式光伏产业，既满足贫困家庭自用电的需要，又能向电网售电获得收益的扶贫方式[①]。L 村通过发动贫困农户参与光伏项目，为贫困农户增加了一条收入渠道，也为生计策略高效化提供了途径。2016 年，在湖南省扶贫办的支持下，L 村筹集了 50 万元用于推进正在建设的 60 千瓦光伏发电项目。

五、绿色化贫困的化解

在生计策略贫困方面，针对绿色化贫困，L 村在精准扶贫中实施了生态农业扶贫和生态补偿扶贫化解策略。

第一，生态农业扶贫。生态农业扶贫指的是通过将农业生产、生态保护、农户增收三者结合起来形成一个良性循环系统的扶贫方式。生态农业扶贫的特点一方面表现在因地制宜，即生态农业的发展不能生搬硬套，应该根据贫困地区的实际来进行选择，对农户原有农业生产方式进行优化，而不是全部推翻，重新建立新的农业生产方式。另一方面是抓紧培养新型生态农业农户。生态农

---

① 中国工业节能与清洁生产协会，中国节能环保集团公司编 . 2015 中国节能减排发展报告——关键的"十三五"［M］. 北京：中国经济出版社，2015：319.

业的发展以掌握生态农业技术的新型农户为基础，人才的培养和培训是发展生态农业的重点。L 村筹集 13 万元资金对林地进行统一规划，到山上种植果木，发展生态产业。这样既能美化环境，又能发展高山水果产业。

第二，生态补偿扶贫。生态补偿扶贫指的是以保护和可持续利用生态系统服务为依托，以经济手段为主调节相关利益关系和地区间发展差距，最终脱贫致富的扶贫模式，该模式能有效促进生态和环境保护，促进城乡间、地区间和群体间的公平性和社会的协调①。生态补偿扶贫具有如下两个特点。一是谁受益，谁补偿。对于生态环境本身以及生态所提供服务中受益的人，需要提供补偿。二是谁破坏，谁补偿。对于生态资源造成破坏的，需要通过生态补偿将生态恢复到原貌。2016 年全年 L 村按照 14.5 元每亩的补贴标准落实 65 户生态公益林补偿，给 L 村村民发放森林生态公益林补贴共计 94569 元，平均每户收益1400 元。

接下来从案例 5 - 3 看 L 村农户生计策略贫困的化解情况。

案例 5 - 3：L 村农户生计策略贫困化解

访谈时间：2016 年 12 月；地点：受访者家中；受访者姓名：SBYU；受访者编号：003；受访者性别：男；受访者年龄：43 岁。

在村里的支持下，今年我家养了土鸡和土鸭共 15 只、养殖稻花鱼 1.8 亩（约 0.12 公顷）、种植蔬菜 0.3 亩（约 0.02 公顷），预计可以得到奖励补贴3000 元左右。我家今年也在跑乡村运输，收入还可以。对口帮扶高校领导定期来看望我们，今年一共给我们 600 元慰问金，还送了我家一床冬被。村里还推荐我们去参加养殖技术培训。我一直享受低保政策，每年都会有一些资金发给我。今年还获得森林生态公益林补贴 2059 元，获得耕地地力保护补贴 651 元。

SBYU 属于仅生计环境、生计资本、生计策略主要素贫困，自然环境、社会环境、人力资本、社会资本、金融资本、多样化、包容性、现代化、高效化、绿色化、生活水平、健康状况子要素贫困的农户。L 村根据 SBYU 家的情况分别实施了"农林种植扶贫 + 家畜养殖扶贫"、创业就业扶贫、生态补偿扶贫，结合耕地地力保护扶贫、资金扶贫、物质扶贫、素质扶贫、社会保障扶

① 丁忠兰. 云南民族地区扶贫模式研究 [M]. 北京：中国农业科学技术出版社，2012：129.

贫、医疗扶贫和金融扶贫等措施，使得 SBYU 家 2016 年收入稳定增长，未出现返贫情况。

第四节　精准扶贫与生计产出贫困的化解

一、收入状况贫困的化解

在生计产出贫困方面，针对收入状况贫困，L 村在精准扶贫中实施了资产性收益扶贫等化解策略。资产性收益指的是通过提供土地、林地、房舍等资产而使贫困农户获得资金的一种扶贫方式。L 村资产性收益扶贫主要指通过引导农户入股猕猴桃产业项目获得资产性收益，40 户贫困户平均每户收益 1000 元以上，集体经济收益 5 万元。

二、生活水平贫困的化解

在生计产出贫困方面，针对生活水平贫困，L 村在精准扶贫中实施了社会保障扶贫（包括最低生活保障扶贫、社会养老扶贫、五保户救助扶贫）等化解策略。社会保障扶贫是国家和社会通过为难以维持最基本生活的农村贫困人口建立的社会救济制度以保障其收入的扶贫方式[①]。社会保障扶贫包括最低生活保障扶贫、社会养老扶贫、五保户救助扶贫、农村特贫救助等。社会保障扶贫对于消除绝对贫困，实现全面小康至关重要。在最低生活保障扶贫方面，L 村 2016 年全年实施社会保障兜底 5 户共 8 人，新增农村低保两户共 7 人，有效解决了无劳动能力家庭的基本生活问题。在社会养老扶贫方面，L 村全面落实新型农村养老保险，通过高校结对干部的方式帮助缴纳新型农村养老保险，参保率达到 100%，实现 60 岁以上老人每人每年能领到 900 元的养老补贴。在五保户救助扶贫方面，L 村认真落实低保、五保和兜底政策，做到了应保尽保。给 SWZH、XSMI、SHCJ、SHHL 发放农村低保二类补贴共计 5696 元，给 SLAE、SCXI、SSLI、SMYU、SGHU、SHYI、SKNA、SMIZ 发放农村低保三类补贴共计 24252 元，给 SZYO、SXIW、SGYO、SHDJ 发放农村低保一类补贴共

---

① 佟光霁，等.黑龙江省减缓农村贫困与生态环境保护 [M].哈尔滨：黑龙江人民出版社，2009：189.

计6903元，给SHHL发放五保户分散供养补贴共计3138元。同时，L村十分重视保障残疾人的生活水平，除了给残疾人提供更多便利以外，通过财政资金给SXIW、LOPY、SHYX、SHJF发放农户残疾人护理补贴补助资金共计2200元，对改善残疾贫困户生活有很大的作用。

三、健康状况贫困的化解

在生计产出贫困方面，针对健康状况贫困，L村在精准扶贫中实施了健康扶贫、公共卫生扶贫等化解策略。

第一，健康扶贫的特点表现为：一是健康扶贫的重点对象是特殊弱势群体；二是健康扶贫一般由政府相关组织牵头①。2016年，对口帮扶高校组织校医院医生为村民义诊，为老百姓开展体检和送药等基本医疗治疗服务，总投入1万元。同时L村与矮寨镇中心卫生院签约，建立家庭医生签约服务制度，对65岁及以上的老年人、0~6岁儿童以及孕产妇提供个性化健康管理服务以及基本医疗、分级诊疗和双向转诊服务。

第二，公共卫生扶贫。公共卫生扶贫是指通过改善贫困人群的行为和生活方式，提高贫困人群的卫生意识，进而改善贫困人口生活环境，提高贫困人口健康状况的扶贫方式②。L村2016年全年投入2万余元，全面落实"同建同治"，使村容村貌有力改善。同时，新增村生产生活垃圾集中堆放点2个。另外，2016年在吉首市卫生局和吉首市财政局的支持下，L村获得了27万元资金，用于正在实施的厕所改造工程。

四、教育程度贫困的化解

在生计产出贫困方面，针对教育程度贫困，L村在精准扶贫中实施了教育扶贫、文化扶贫等化解策略。

第一，教育扶贫。教育扶贫指的是通过学校教育、职业技术教育、成人教育等各种形式提高或改善贫困人口的基础文化水平、技能水平、生计水平以及思想观念等的一种扶贫手段。教育扶贫的特点主要表现为两个方面：一是教育

---

①② 方鹏骞，苏敏．论我国健康扶贫的关键问题与体系构建［J］．中国卫生政策研究，2017，10（6）：60-63.

扶贫的重点是基础教育和职业教育[①]。贫困地区的基础教育一般十分薄弱，与发达地区有很大的差距，而基础教育直接关系到贫困人口是否掌握在社会上生存或立足的基本知识，对贫困人口至关重要。同时，职业教育有利于提高贫困人口的职业技能，有一技之长的贫困人口更容易摆脱贫困。职业教育培训扶贫以及国务院扶贫开发领导小组办公室积极推动的扶贫开发工作重点内容"雨露计划"就是教育扶贫中为提高贫困人口基础教育和职业教育水平而开展的。二是立足于提高贫困人口的自我发展能力。扶贫是一项系统工程，依靠外部支持扶贫，无法从根本上解决贫困问题，必须要提高贫困人口的自我发展能力，才能实现持续脱贫。教育扶贫就是立足于提高贫困人口的自我发展能力，是持续脱贫的保证。L村村支两委十分重视教育问题，积极支持和资助适龄儿童上学，除了落实义务教育阶段和高中阶段免学杂费外，还分别按照 1000 元、1500 元、2000 元、2500 元的标准为在读的 40 余名学生补贴了生活费用。另外，对口帮扶高校 2016 年全年资助贫困学生 6 人，共计 2 万余元。

第二，文化扶贫。文化扶贫的特点主表现在：一是文化扶贫要切实惠及民众；二是文化扶贫要考虑扶贫对象的需求[②]。L村通过制订村规民约，建立文化标识，以传承传统文化，宣扬社会主义核心价值观。

五、资源利用贫困的化解

在生计产出贫困方面，针对资源利用贫困，L村在精准扶贫中实施了"产业扶贫＋土地流转扶贫"和电商（互联网＋）扶贫等化解策略。

第一，"产业扶贫＋土地流转扶贫"。L村通过发展猕猴桃产业以及养殖产业等项目提高了 L村耕地和林地等资源的利用效率，也拓宽了 L村农户的收入渠道。同时 L村还通过土地流转这一现代化土地利用形式，将部分农户从土地上解放出来，不但提升了土地的使用价值，也使农户成为拥有股份的新型农户。

第二，电商（互联网＋）扶贫。电商（互联网＋）扶贫指的是将电子商务和互联网纳入扶贫开发体系之中，作用于帮扶对象，给贫困群体提供一个对接市场的渠道和途径。电商（互联网＋）扶贫依赖于贫困地区基础设施的改善以及农户自身素质的提高。电商（互联网＋）扶贫必须紧紧围绕如何最大

---

① 张锦华，吴方卫. 中国农村教育平等问题研究 [M]. 上海：上海财经大学出版社，2008：245.
② 饶蕊，耿达. 文化扶贫的内涵、困境与进路 [J]. 图书馆，2017 (10)：13 - 17.

限度提高贫困农户收益来开展①。L 村正在筹建吉首电子商务服务站，到时在网上就可以购买 L 村的农产品，使 L 村的农产品真正走出大山，走向市场。

接下来从案例 5-4 看 L 村农户生计产出贫困的化解情况。

案例 5-4：L 村农户生计产出贫困化解

访谈时间：2016 年 12 月；地点：受访者家中；受访者姓名：SJGE；受访者编号：025；受访者性别：男；受访者年龄：62 岁。

我今年发展了石蛙养殖产业，黄牛养殖 3 头、猪 1 头，养稻花鱼 2 亩（约 0.1333 公顷）、种植魔芋 0.7 亩（约 0.0467 公顷），预计可以得到奖励补助 8500 元。我家今年有 2 人外出务工。对口帮扶高校帮助我家缴纳了新农村合作医疗和新型农村养老保险，花费 1150 元。对口帮扶高校领导定期会来慰问我们，给我家送了现金 1000 元。村里还推荐我家参加养殖技术培训。今年还获得耕地地力保护补贴 451.5 元和森林生态公益林补贴 1305 元。对口帮扶高校医院的医生还会来村里给我体检，给我家送了一些药品。我孙女石可昕还在读书，平常对口帮扶高校会组织学生来村里给孩子上课，教一些简单的知识。村里现在也越来越重视传统文化，平常也会给我们宣传，村里的卫生也弄得很干净。2016 年获得耕地地力保护补贴 451.5 元，获得森林生态公益林补贴 1305 元。我感觉现在的生活真是幸福，以前从来没有过。

SJGE 是属于生计资本、生计策略、生计产出主要素贫困，自然环境、自然资本、物质资本、现代化、生活水平、健康状况、资源利用子要素贫困的农户。针对 SJGE 家生计产出贫困，主要采取健康扶贫、教育扶贫、文化扶贫、公共卫生扶贫等措施，这些扶贫措施结合其他扶贫措施大大改善了 SJGE 家里的情况。2016 年，SJGE 家人均纯收入达到 6524 元，实现了脱贫目标。

本 章 小 结

本章分别从生计环境、生计资本、生计策略、生计产出四个环节分析精准

---

① 信息社会 50 人论坛. 信息经济——中国转型新思维［M］. 上海：上海远东出版社，2015：169.

扶贫对 L 村贫困的化解之道。

在生计环境贫困方面，针对自然环境贫困，L 村在精准扶贫中主要实施了"自然灾害防治＋财政扶贫"和基础设施建设扶贫（包括水利扶贫、交通扶贫、网络扶贫、公共设施建设扶贫）等化解策略。针对社会资本贫困，L 村在精准扶贫中主要实施了集体经济扶贫、信息扶贫、制度扶贫、基层组织建设扶贫、市场扶贫。

在生计资本贫困方面，针对人力资本贫困，L 村在精准扶贫中主要实施了素质扶贫、医疗扶贫、智力扶贫等化解策略。针对自然资本贫困，L 村在精准扶贫中实施了退耕还林扶贫、"耕地地力保护扶贫＋财政扶贫"等化解策略。针对金融资本贫困，L 村在精准扶贫中实施了资金扶贫、金融扶贫等化解策略。针对物质资本贫困，L 村在精准扶贫中实施了"危房改造扶贫＋财政扶贫""物质扶贫＋财政扶贫"等化解策略。针对社会资本贫困，L 村在精准扶贫中实施了对口帮扶扶贫、"业主带动扶贫＋专业合作社扶贫"、干部驻村帮扶扶贫、志愿扶贫、社会捐赠扶贫等化解策略。

在生计策略贫困方面，针对多样化贫困，L 村在精准扶贫中实施了"农林种植扶贫＋家畜养殖扶贫＋集体经济扶贫"等化解策略。针对包容性贫困，L 村在精准扶贫中实施了"土地流转扶贫＋入股带动扶贫"、外出务工扶贫、创业就业扶贫等化解策略。针对现代化贫困，L 村在精准扶贫中实施了生态建设和维护扶贫、科技特派员扶贫、科技扶贫、产业扶贫等化解策略。针对高效化贫困，L 村在精准扶贫中实施了项目带动扶贫和光伏扶贫等化解策略。针对绿色化贫困，L 村在精准扶贫中实施了生态农业扶贫和生态补偿扶贫等化解策略。

在生计产出贫困方面，针对收入状况贫困，L 村在精准扶贫中实施了资产性收益扶贫等化解策略。针对生活水平贫困，L 村在精准扶贫中实施了社会保障扶贫（包括最低生活保障扶贫、社会养老扶贫、五保户救助扶贫）等化解策略。针对健康状况贫困，L 村在精准扶贫中实施了健康扶贫、公共卫生扶贫等化解策略。针对教育程度贫困，L 村在精准扶贫中实施了教育扶贫、文化扶贫等化解策略。针对资源利用贫困，L 村在精准扶贫中实施"产业扶贫＋土地流转扶贫"、电商（互联网＋）扶贫等化解策略。

第六章
生计链脱困的总结、讨论与反思

一、生计链脱困：理论、实践及研究发现

贫困问题是一个全球性、长期性、现实性和综合性的问题。贫困问题从被研究开始，就伴随着两个命题，一是如何认识贫困，二是如何化解贫困。这两个命题相伴相生，对贫困的认识能够指导人们化解贫困问题，而化解贫困的人类实践也进一步加深了人们对贫困的认识。

对于第一个命题，已有研究主要是探究贫困的概念及成因、贫困的形成机理以及生计的概念与影响因素等。就贫困的形成机理来看，有微观和宏观两大研究成果。微观层面的贫困理论主要包括以下九种理论。一是贫困功能理论，该理论认为贫困存在的原因是满足了社会的某种需要，也就是说贫困的形成是由于社会结构、社会和谐与进步的需要。二是社会分层职能理论，该理论认为是社会的多层次导致收入地位和权利不平等，最终造成了贫困。三是个体缺陷论，该理论认为贫困是个人原因造成的。四是贫困文化理论，该理论认为贫困人口形成的脱离社会生活主流的亚文化造成了人们难以适应新的环境，进而产生贫困。五是能力贫困理论，该理论认为贫困是由个人或群体能力的缺乏导致的。六是社会排斥理论，该理论认为个人或群体因被排斥在社会参与之外，造成低收入、工作不稳定的问题，最终产生贫困。七是贫困代际传递理论，该理论认为贫困是父母传递给子女的。八是脆弱性贫困理论，该理论认为在风险的冲击下，资产、收入、福利抵御风险的能力不足，造成了贫困。九是心理贫困理论，该理论认为心理和精神上的守旧、封闭、悲观和保守造成了贫困。而宏观层面的贫困理论主要包括结构主义贫困理论（包括贫困恶性循环理论、低水平均衡陷阱理论、临界最小努力理论、循环累积因果关系理论、大推进理论、

二元经济结构模型①、社会分层理论、贫困环境论、地理贫困理论）、新古典主义贫困论（包括赫希曼的不平衡增长理论、舒尔茨的人力资本理论、杨小凯的分工和交易说）、激进主义贫困理论（包括依附理论和不平等交换理论）。其中贫困恶性循环理论认为低收入引发的低储蓄能力以及低购买能力造成资本形成不足，导致了贫困。低水平陷阱理论认为有两种途径会导致贫困，一是低收入水平导致高死亡率，引发低人口增长率，低人口增长率又会导致低收入水平；二是由于人均收入增长快于人口增长率，所以死亡率就低，出生率就高，人口增长率随之增加，造成低收入水平。临界最小努力理论认为低人均收入会造成资本形成不足，进而陷入"低水平均衡陷阱"和"贫困恶性循环"，最终造成贫困。循环累积因果关系理论认为低收入水平会由于一系列原因导致收入水平更低。大推进理论认为，不发达国家必须有足够的投资量才能突破阻碍经济发展的资本缺乏问题。二元经济结构理论认为传统农业部门与现代工业部门劳动力供给不均导致发展中国家陷入贫困。分工和交易说认为交易的低效率导致交易费用高昂，进而导致均衡分工的低水平和生产效率低下，最终形成贫困。依附理论认为导致发展中国家经济贫困的根源是发达国家榨取发展中国家的经济剩余。不平等交换理论认为不平等交换随着穷国贸易比价的恶化日益增加，参加国际分工的各国贫富差距、两极分化的状态会日益加剧。

　　对于第二个命题，微观和宏观的贫困理论都提出了很多解决贫困的建议。例如，贫困恶性循环理论认为应该从资本供给和资本需求两个方面解决贫困问题；低水平均衡陷阱理论认为解决贫困问题主要是解决资本形成不足问题；循环积累因果关系理论认为应该从政治、经济与文化等角度探讨贫困解决方案；临界最小努力理论认为发展中国家应该使经济达到一定的水平，努力冲破低水平均衡状态，以实现经济的长期增长；分工和交易说认为应该从交易和分工等方面解决贫困问题。人口论学说主张要从提高人口素质、控制人口数量方面入手解决贫困问题；社会分层职能理论认为，解决贫困问题应该关注社会不同层次群体在收入、地位上的不平等问题；权利贫困理论认为解决人们基本能力被剥夺和机会的丧失问题是解决贫困的关键；社会排斥理论认为社会排斥问题的化解应成为解决贫困问题的重点；贫困代际传递理论认为阻断贫困的代际传递可以解决贫困问题；制度贫困理论认为应该从制度方面来解决贫困问题；脆弱性贫困理论认为增强抵御风险的能力能有效防止陷入贫困；个人贫困理论认为提高个人的人力资本投入是解决贫困问题的途径；贫困文化理论认为解决贫困

---

① 楚永生. 发展战略贫困理论的演进、比较及其理论意义 [J]. 老区建设, 2008 (1)：13 – 16.

问题要构建与主流生活接轨的主流文化。地理贫困理论认为解决生存空间不足的问题才能有效地解决贫困问题。心理贫困理论认为解决贫困问题应该重视精神和心理贫困。社会排斥分析框架认为消除经济、政治、社会关系、教育文化以及制度上的排斥才能解决贫困问题；脆弱性分析框架认为增强资产、权利等抵御风险的能力才能有效解决贫困问题。人、业、地综合减贫分析框架认为解决贫困问题，要把握"人""业""地"三者之间的耦合关系；可持续生计分析框架学说认为解决贫困问题，应该谋求可持续的生计。

微观和宏观贫困理论对贫困的认识以及消除贫困的研究，既具有各自的特点，也体现了一定的时代性和阶级性；在特定的范围内，都具有正确性和适用性。特别是综合性贫困分析框架对贫困的研究，已经形成了综合性的、较为成熟和科学的分析范式，这些范式对我们认识贫困问题、分析贫困的成因、探讨贫困问题的解决方案有重要的作用。但是既有的贫困理论对贫困的研究也存在一定的局限性，因为不管是哪一种贫困理论，其认识贫困和消除贫困的研究都涵盖在文化的内涵中，是文化的一部分。除了贫困文化理论之外，鲜有从文化的视角入手来研究贫困问题的。同时，实际扶贫工作中也面临着一些新的挑战，这些挑战主要体现为脱贫的可持续性、非经济致贫因素、精准施策等三个方面的问题。

一是脱贫的可持续性问题。这里讲的脱贫指的是摆脱绝对贫困，也就是实现"一达标，两不愁，三保障"的标准，"一达标"即家庭人均可支配收入达到当年全国扶贫标准；"两不愁"即不愁吃、不愁穿；"三保障"即义务教育有保障、基本医疗有保障、住房安全有保障。脱贫的可持续性问题主要表现在地方政府财政投入的可持续性、农户增收的可持续性以及基层干部扶贫工作效果的可持续性。例如，一些地方政府为了切实推进脱贫攻坚，实现全部脱贫目标，往往会加大教育、医疗、住房、兜底或基础设施建设等方面的资金投入，这些投入有的已经超过了国家规定的基本标准，这些被拔高了的扶贫措施会给地方财政造成较大的压力，特别是经济发展状况本来就不是很好的贫困县。又如，一些地方的产业扶贫主要通过简单的资金补助、扶贫资金资产入股分红等方式来实现，贫困户的实际参与度并不高，其内生发展能力没有得到有效提升，短期内能够实现农户增收的目标，但是脱贫的稳定性、长期性和可持续性不强。

二是非经济致贫因素的问题。例如，部分贫困户"等靠要"思想严重，脱贫内生动力不足，不想通过自身劳动实现脱贫致富，完全依赖扶贫干部或帮扶责任人给自己帮扶，并不觉得脱贫是自己的事，而认为脱贫是政府的事，是帮扶责任人的事。尤其是一些单身户、子女不孝户和老年户等缺乏感恩意识，过度依赖政府帮扶，甚至提出不合理要求。还有部分农户不理解扶贫政策，不愿意接受新的政策，对一些帮扶措施有抵触心理。同时，也有部分贫困户心态不平衡、不患寡而患不均问题突出，攀比问题严重，对地方政府在扶贫中未能满足其各种要求心存不满。

三是精准施策的问题。精准扶贫作为新时期三大攻坚战之一，进行到后期面临的都是深度贫困的问题，这就要求扶贫工作者不仅能精准识别、精准帮扶、精准管理，还要能精准施策。例如，为了实现基本医疗有保障，部分地方政府会在基本医疗保障外，提高医疗保障的标准，不仅造成医疗资源的浪费，也会导致少数贫困患者不合理就诊。

面对各种贫困理论在研究贫困问题中的局限性，结合扶贫实际工作中遇到的新的问题，有必要将文化作为贫困研究的切入点，用文化整合的理论将与农户可持续脱贫密切相关的、贯穿农户生计全过程的经济因素和非经济因素囊括在一个综合性的范式里来认识贫困，并探究消除贫困的路径。

文化作为人类群体和社会的共享成果，不仅包括非物质文化，如价值观、语言、知识等，而且包括物质文化，如工具、钱、衣服以及艺术品①。文化囊括了农户生计的各方面，以文化作为切入点来研究贫困农户的生计问题能更好地解决现有贫困研究对非经济因素的忽视，同时利用文化整合理论，将影响贫困农户生计的各经济因素和非经济因素相互之间逻辑上的一致性进行整合，以更全面地呈现贫困现象，解释贫困问题。这样既可以实现将非经济的致贫因素纳入分析范式中，又能实现对实际扶贫工作中可持续脱贫问题的分析，同时还可以对影响农户生计的因素进行细分，为精准施策提供借鉴。

生计链分析框架作为一个新的分析范式由此提出，这个新的分析范式并不是对其他贫困分析范式的摒弃，也不是要在某种程度上取代其他贫困分析范式，而是在已有贫困分析理论和范式的基础上，建设性地扬弃一些要素，接受并借鉴其中的一部分，融合并发展出新的部分。同时生计链这一贫困分析范式的提出也是为了能解决精准扶贫过程中遇到的新问题，使得贫困分析理论能够与现实扶贫实践更加契合，进而推动扶贫攻坚的发展，全面实现小康社会。

具体而言，生计链这一贫困分析框架试图从以下三个方面实现其学术意义。第一，从生计链的视角认识贫困：阐释贫困陷阱的形成机理。生计链视角

---

① 戴维·波普诺. 李强，等译. 社会学（第十一版）[M]. 北京：中国人民大学出版社，2007：72.

下的贫困认为贫困表现为"负向循环积累"和"负向相互强化"两个过程，而贫困陷阱则是在生计环境、生计资本、生计策略和生计产出四个要素的交互关系中，通过"负向循环积累"和"负向相互强化"两个过程逐步形成的，这有助于理解贫困的成因和贫困的形成过程。所谓"负向循环积累"过程，即生计链条上生计环境、生计资本、生计策略和生计产出四个要素分别在"制度失灵""临界门槛""邻里效应"和"路径依赖"效应的作用下，通过生计链的传递，循环地进行"负"积累。所谓"负向相互强化"过程，即"制度失灵"效应、"临界门槛"效应、"邻里效应"和"路径依赖"四个效应之间也会进行交互，产生共振，这种共振会使得相邻的两个效应之间的"负"积累得到强化。L 村农户的贫困问题正是农户生计链中生计环境、生计资本、生计策略和生计产出四个要素的贫困问题。这些贫困要素在其效应的影响下使得四个贫困要素"负向循环积累"和四个效应"负向相互强化"。

第二，从生计链的视角识别贫困：细分出不同农户的贫困类型。精准施策就要求我们能准确地细分出不同农户的贫困类型，而生计链分析框架可以细分出不同农户的不同贫困类型，根据这些不同的贫困类型，有针对性地实施不同的帮扶策略。生计链分析框架将贫困类型分为生计链单环节贫困、生计链多环节贫困、生计链全环节贫困以及隐生计链贫困、生计链零环节贫困。其中生计链单环节贫困包括生计环境贫困、生计资本贫困、生计策略贫困和生计产出贫困；生计链多环节贫困包括"生计环境–生计资本贫困""生计环境–生计策略贫困""生计环境–生计产出贫困""生计环境–生计资本–生计策略贫困""生计环境–生计策略–生计产出贫困""生计环境–生计资本–生计产出贫困""生计资本–生计策略贫困""生计资本–生计产出贫困""生计策略–生计产出贫困""生计资本–生计策略–生计产出贫困"。生计链全环节贫困包括"生计环境–生计资本–生计策略–生计产出贫困"。隐生计链贫困是指生计环境、生计资本、生计策略、生计产出四个主要素都不贫困，但四个主要素中的部分子要素贫困。生计链零环节贫困是指生计环境、生计资本、生计策略、生计产出四个主要素都不贫困，且四个主要素中的所有子要素也不贫困。

第三，通过生计环境、生计资本、生计策略、生计产出四位一体构成生计链分析框架，剖析精准扶贫中的贫困现象，揭示生计链推动精准扶贫的逻辑和机制。L 村的脱贫正是 L 村在精准扶贫的过程中，针对不同农户的不同贫困类型进行精准施策的结果。

本书利用文化整合理论，借鉴可持续生计分析框架以及"链"概念的特点，提出"生计链"这一农户贫困分析框架，强调生计环境、生计资本、生计策略、生计产出四个要素对农户生计的影响，将农户的生计看成一个动态的过程，提出生计链的贫困分析框架，并从生计环境、生计资本、生计策略和生计产出四个维度探讨农户贫困陷阱的形成过程。同时以 L 村为田野点开展田野调查，运用生计链分析框架探讨和解释 L 村农户生计链贫困状况，分析 L 村精准扶贫与农户生计链贫困的化解问题，以期为精准扶贫工作的开展、扶贫成果的巩固以及全面小康的实现提供有益的借鉴和参考。

2015 年 L 村被列为吉首市扶贫攻坚示范村，2016 年驻村工作队被评为吉首市"优秀驻村工作队"，2016 年 L 村被湘西自治州评为"脱贫攻坚先进村"，2017 年 L 村脱贫攻坚案例入选《脱贫攻坚—湖南样本》，精准扶贫成效显著。通过对 L 村生计链历史与现状、L 村生计链成因、精准扶贫与生计链贫困化解等问题的研究，我们有以下几点发现。

第一，生计链是贫困的本土化理论范式。生计链是指农户在谋求可持续生计的过程中，生计环境、生计资本、生计策略和生计产出之间构成的相互联结的网络。生计链这一概念深化了我们对贫困陷阱形成机理的认识，对于我们理解贫困的本质、抓住扶贫的重点至关重要。我们对贫困陷阱形成机理的认识经历了一个漫长的过程，新的形势要求我们根据具体的情况，重新认识和理解中国现有国情下贫困陷阱的形成机理。从生计链的视角，可以将农户贫困陷阱理解为生计链条上生计环境、生计资本、生计策略和生计产出四个要素的"负向循环积累"以及造成四个要素"负向循环积累"四个效应之间的"负向相互强化"的过程，不失为一种创新。生计链对贫困陷阱形成机理的认识不局限于农户生计的某一环节，而是关注农户生计的全过程。这样不仅可以对农户生计链条上各要素施行"动态监控"，而且可以根据生计链上各要素的动态变化，实行动态靶向干预，巩固脱贫成效。

第二，L 村的贫困问题应围绕农户的生计链进行综合干预。L 村的贫困问题属于生计链贫困问题，精准扶贫需要针对生计链贫困的各环节进行综合干预。L 村作为一个地处偏远山区的苗族聚居山寨，贫困问题由来已久，如何解决贫困问题是困扰当地政府和扶贫工作者的一个棘手问题。以往的扶贫手段往往只注重生计链的某些环节，而精准扶贫不仅从整村的层面对生计环境贫困、生计资本贫困、生计策略贫困和生计产出贫困提供化解策略，而且针对每一个贫困农户也根据其生计环境贫困、生计资本贫困、生计策略贫困和生计产出贫困状况进行靶向干预和精准化解，从而取得显著的扶贫成效。以上对于理解贫困本质、化解贫困顽疾是一个有益的参考。

第三，精准扶贫需将显性贫困的化解与隐性贫困的预防并重。显性贫困指的是生计链的主要素和子要素都处于贫困状态。隐性贫困指的是生计链的主要素不贫困，但是子要素处于贫困状态。精准扶贫过程中，要处理好这两类贫困的化解问题，积极采取措施化解显性贫困，同时要注意预防隐性贫困，最大限度防止隐性贫困转化为显性贫困。

第四，精准扶贫化解生计链贫困要尊重农户意愿。扶贫要深入了解并尊重农户的意愿和需求，实施精准扶贫的贫困化解策略。如果提供的贫困化解策略并不符合农户的意愿和需求，就不能激发农户的自主意识，其扶贫成效将会大打折扣，最终无法实现持续脱贫的目标。

第五，稳定脱贫需要建立生计链脱贫长效机制。稳定脱贫要围绕生计链分析框架，从组织建设、制度建设、贫困动态监控、产业发展方面建立长效机制。例如，应该加大村级组织建设力度，强化党组织的引领作用，加强村干部培训，特别要重视将乡村能人和乡贤作为村干部后备力量加大培育力度，切实提升村干部的引领带动能力，强化村组内生发展能力，提升人力资本。从制度上统筹农村的发展，对现有扶贫的成果要维护并巩固好。同时，要加强对脱贫农户生计链的动态监控，把握农户生计环境、生计资本、生计策略和生计产出中出现的新问题，严防突击脱贫，化解返贫风险，巩固脱贫成果。另外要创新产业发展模式，提高农户生计策略的多样化、包容性、现代化、高效化和绿色化，着力培育和引进一批能够充分利用本地资源禀赋优势的亲农亲贫型企业，不断延伸产业链条，提升贫困农户产业发展的参与度，建立起产业发展与农户利益的联结机制。

二、方法论的检讨和反思

本书通过生计链分析框架对贫困问题进行分析，对贫困陷阱形成机理进行解释，对贫困类型进行细分，为精准扶贫提供了一种分析范式。虽然本书力图最大限度实现方法论上的合理与科学，但是难免存在一些不足和缺陷，如指标选择的适合度问题、结构化问卷的问题、生计链的适应性问题等。

在指标选择的适合度方面，生计链分析框架试图从文化整合入手，在考虑多变量的基础上对贫困做出诠释和解释。尽管文章围绕这一意图设计了一系列经济因素和非经济因素指标来分析和诠释贫困问题，这些指标有物质性、制度性层面的，也有精神层面的。但是还是有可能存在一些未考虑到的因素，特别是在精神层面。本书指标的选择可以看作提供了一种可能性，但是并不代表其他可能性不存在，或是要否定其他可能性。

在结构化问卷访谈方面，结构化问卷在调查研究中有着明显的优势，能为调查研究提供丰富的资料。但是利用结构化问卷进行访谈，也会对一些敏感的问题和隐私的问题感到无能为力，人们可能会有意无意地避开谈论一些对自己不利的事实，但是这些被避开的事实可能会影响我们对某个问题的认识，在本书的访谈过程中也是如此。其中也很有可能存在一些农户为了获取同情，或是为了获得更多的帮扶将家庭的实际生计情况进行"加工"。同时，结构化问卷会存在遗漏某个问题的重要方面，不能反映问题的全貌。所以在实际访谈过程中，只能试图获取其中的关键要素，同时在访谈现场对农户家里的基本情况进行观察、校验，对一些问题通过第三者或扶贫干部进行核实，并尽可能找寻相关历史文本材料，对各种问题进行甄别和判断，谨慎得出结论。

在生计链的适应性方面，生计链分析框架尝试提出一种分析范式，这种分析范式试图从与农户生计密切相关的生计环境、生计资本、生计策略和生计产出交互的全过程来系统地认识贫困问题。在消除贫困的问题上，生计链分析框架也主张放眼整个生计链的视域下，通过重点干预贫困的生计要素来化解贫困，而不是"头痛医头，脚痛医脚"。但是生计链分析框架并不是万能的，贫困问题是一个相当复杂的问题，贫困现象更是千差万别、多种多样，想用一个万能模板解决所有的问题明显是不可能的。因此在生计链分析框架的构建之初，我并未将其定位为一个"万能模板"，而是试图寻找一种开放式的分析范式，根据遇到的具体问题对生计链分析框架进行补充、修改和扬弃。生计链分析框架更像是一个"向导"，引导人们朝着某个方向思考和探究。

参考文献

[1] [美] 安塞尔·M. 夏普，查尔斯·A. 雷吉斯特，理查德·H. 莱夫特威. 美国社会问题经济观 [M]. 北京：航空工业出版社，1992.

[2] [美] 戴维·波普诺. 李强等，译. 社会学（第十一版）[M] 北京：中国人民大学出版社，2007.

[3] [美] 道格拉斯·C. 诺思. 经济史中的结构与变迁 [M]. 上海：上海人民出版社，1994（12）.

[4] [英] 弗兰克·帕金，刘东. 谢维和，译. 马克斯·韦伯 [M]. 成都：四川人民出版社，1987.

[5] [美] 赫伯特·J. 甘斯. 贫困的功能 [J]. 美国社会学，1972.

[6] [美] 理查德·韦尔克. 经济、生态人类学与消费文化研究 [J]. 广西民族学院学报（哲学社会科学版），2005（6）.

[7] [美] 西奥多·A. 舒尔茨. 论人力资本投资 [M]. 北京：北京经济出版社，1990.

[8] [日] 中谷岩. 资本主义为什么会自我崩溃？新自由主义者的忏悔 [M]. 北京：社会科学文献出版社，2010.

[9] [印] 阿马蒂亚·森. 王宇、王文玉，译. 贫困与饥荒—论权利与剥夺 [M]. 北京：商务印书馆，2009.

[10] [英] 奥本海默. 贫困的真相 [M]. 伦敦："儿童贫困关注小组"，1993.

[11] [英] 保罗·科利尔. 王涛，译. 最底层的10亿人 [M]. 北京：中信出版社，2008.

[12] Martha·G·Roberts，杨国安. 可持续发展研究方法国际进展——脆弱性分析方法与可持续生计方法比较 [J]. 地理科学进展，2003（1）.

[13] 白人朴. 关于贫困标准及其定量指标的研究 [J]. 农业经济问题，1990（8）.

[14] 白永秀，马小勇. 落后地区农户的脆弱性与社会安全体系的构建

[J]. 天津师范大学学报（社会科学版），2008（1）.

[15] 本书编委会. 连片特困地区扶贫规划编制理论与方法 [M]. 北京：中国财政经济出版社，2011.

[16] 蔡洁，马红玉，夏显力. 集中连片特困区农地转出户生计策略选择研究——基于六盘山的微观实证分析 [J]. 资源科学，2017（11）.

[17] 蔡进华，王富珍，高胜利. 基于疾病预防视角对医疗扶贫的思考 [J]. 中国健康教育，2017（5）.

[18] 蔡志海. 汶川地震灾区贫困村农户生计资本分析 [J]. 中国农村经济，2010（12）.

[19] 曹立. 新理念引领新发展"十三五"中国经济大趋势 [M]. 北京：新华出版社，2016.

[20] 曹利群. "土地入股"需慎行 [J]. 中国党政干部论坛，2009（7）.

[21] 曾福生，曾志红，范永忠. 克贫攻坚：中国农村扶贫资金效率研究 [M]. 北京：中央编译出版社，2015.

[22] 曾群，魏雁滨. 失业与社会排斥：一个分析框架 [J]. 社会学研究，2004（3）.

[23] 曾志红. 我国农村扶贫资金效率研究 [D]. 长沙：湖南农业大学，2013.

[24] 常平凡，张京辉. 简明农村发展经济学 [M]. 太原：山西人民出版社，2001.

[25] 陈艾，李雪萍. 脆弱性–抗逆力：连片特困地区的可持续生计分析 [J]. 社会主义研究，2015（2）.

[26] 陈方玺. 社会排斥概念研究综述 [J]. 天水行政学院学报，2011（2）.

[27] 陈健生. 论退耕还林与减缓山区贫困的关系 [J]. 当代财经，2006（10）.

[28] 陈玫君. 现阶段民族经济问题的结构分析 [J]. 中南民族学院学报（哲学社会科学版），1989（1）.

[29] 陈世伟. 反社会排斥：失地农民和谐就业的社会政策选择 [J]. 求实，2007（3）.

[30] 陈小伍，王绪朗. 农村贫困问题的制度性分析 [J]. 乡镇经济，2007（6）.

[31] 陈阳. 文化进化论批判 [D]. 哈尔滨：黑龙江大学，2014.

［32］楚永生．发展战略贫困理论的演进、比较及其理论意义［J］．老区建设，2008（1）．

［33］邓小海，旅游精准扶贫理论与实践［M］．北京：知识产权出版社，2016．

［34］丁建军，冷志明．区域贫困的地理学分析［J］．地理学报，2018（2）．

［35］丁忠兰．云南民族地区扶贫模式研究［M］．北京：中国农业科学技术出版社，2012．

［36］定宜庄，刘小萌．试述清朝乾隆年间的东北流民及其对旗人生计的影响［J］．黑龙江民族丛刊，1988（1）．

［37］杜本峰，李巍巍．农村计划生育家庭生计资本与脆弱性分析［J］．人口与发展，2015（4）．

［38］杜海峰，白萌，刘茜，杜巍．农民工生存与发展状况调查报告［M］．北京：社会科学文献出版社，2015．

［39］段庆林．城与乡：宁夏二元结构变迁研究［M］．银川：宁夏人民出版社，2012．

［40］方鹏骞，苏敏．论我国健康扶贫的关键问题与体系构建［J］．中国卫生政策研究，2017（10）．

［41］费孝通．江村经济［M］．上海：上海人民出版社，2006（4）．

［42］郭齐勇．文化学概论［M］．武汉：武汉大学出版社，2014．

［43］国家统计局《中国城镇居民贫困问题研究》课题组．中国城镇居民贫困问题研究［J］．统计研究，1991（6）．

［44］国家统计局农村社会经济调查司．中国农村贫困监测报告［M］．北京：中国统计出版社，2009．

［45］韩国明．农村基层政权建设知识读本［M］．兰州：兰州大学出版社，2009．

［46］韩峥．脆弱性与农村贫困［J］．农业经济问题，2004（10）．

［47］何国强，林跃文．粤东凤凰山区文化研究调查报告续集［M］．昆明：云南大学出版社，2014（9）．

［48］何仁伟，李光勤，刘运伟，李立娜，方方．基于可持续生计的精准扶贫分析方法及应用研究——以四川凉山彝族自治州为例［J］．地理科学进展，2017（2）．

［49］何昭丽，米雪，喻凯睿，曾敏．农户生计资本与旅游生计策略关系

研究：以西北 A 区为例 [J]. 广西民族大学学报（哲学社会科学版），2017 (6).

[50] 洪朝辉. 论中国城市社会权利的贫困 [J]. 江苏社会科学，2003 (2).

[51] 胡联，孙永生. 贫困的形成机理研究述评 [J]. 生态经济（中文版），2011 (11).

[52] 胡义成. 地域文化相异的根因在地域生态—能量系统不同 [J]. 河南师范大学学报（哲学社会科学版），2003 (5).

[53] 湖南省吉首市市志编纂委员会编. 吉首市志 1989－2005 [M]. 北京：方志出版社，2012.

[54] 黄承伟，陆汉文. 汶川地震灾后贫困村重建：进程与挑战 [M]. 北京：社会科学文献出版社，2011.

[55] 黄贵荣，刘金源. 失衡的世界 20 世纪人类的贫困现象 [M]. 重庆：重庆出版社，2000.

[56] 吉首市人民政府办公室，吉首市史志办公室. 吉首年鉴 2002 [R]. 吉首大学图书馆馆藏，2002.

[57] 吉首市人民政府办公室，吉首市史志办公室. 吉首年鉴 2003 [R]. 吉首大学图书馆馆藏，2003.

[58] 吉首市人民政府办公室，吉首市史志办公室. 吉首年鉴 2004 [R]. 吉首大学图书馆馆藏，2004.

[59] 吉首市人民政府办公室，吉首市史志办公室. 吉首年鉴 2005 [R]. 吉首大学图书馆馆藏，2005.

[60] 吉首市人民政府办公室，吉首市史志办公室. 吉首年鉴 2006 [R]. 吉首大学图书馆馆藏，2006.

[61] 吉首市人民政府办公室，吉首市史志办公室. 吉首年鉴 2007 [R]. 吉首大学图书馆馆藏，2007.

[62] 吉首市人民政府办公室，吉首市史志办公室. 吉首年鉴 2008 [R]. 吉首大学图书馆馆藏，2008.

[63] 吉首市人民政府办公室，吉首市史志办公室. 吉首年鉴 2009 [R]. 吉首大学图书馆馆藏，2009.

[64] 吉首市人民政府办公室，吉首市史志办公室. 吉首年鉴 2010 [R]. 吉首大学图书馆馆藏，2010.

[65] 吉首市人民政府办公室，吉首市史志办公室. 吉首年鉴 2011 [R].

吉首大学图书馆馆藏，2011.

［66］吉首市人民政府办公室，吉首市史志办公室. 吉首年鉴2012［R］.
吉首大学图书馆馆藏，2012.

［67］吉首市人民政府办公室，吉首市史志办公室. 吉首年鉴2013［R］.
吉首大学图书馆馆藏，2013.

［68］吉首市人民政府办公室，吉首市史志办公室. 吉首年鉴.2014［R］.
吉首大学图书馆馆藏，2014.

［69］湖南省吉首市市志编纂委员会编. 吉首市志［M］. 长沙：湖南出版
社，1996.

［70］江立华，胡杰成. 社会排斥与农民工地位的边缘化［J］. 华中科技
大学学报（社会科学版），2006（6）

［71］江亮演. 社会救助的理论和实务［M］. 台北：台北桂冠图书出版公
司，1990.

［72］康健，高亚平. 农民专业合作社的扶贫效应及相关政策研究［J］.
现代农村科技，2016（17）.

［73］康晓光. 中国贫困与反贫困理论［M］. 南宁：广西人民出版社，
1995.

［74］赖玉珮，李文军. 草场流转对干旱半干旱地区草原生态和牧民生计
影响研究——以呼伦贝尔市新巴尔虎右旗M嘎查为例［J］. 资源科学，2012
（6）.

［75］乐章，涂丽. 城市贫困家庭的生计资本和生计策略［J］. 湖北经济
学院学报，2015（4）.

［76］雷坚. 受用一生的心理课（第2版）［M］. 北京：中国纺织出版社，
2016（2）.

［77］黎洁. 陕西安康移民搬迁农户的生计适应策略与适应力感知［J］.
中国人口、资源与环境，2016（9）.

［78］李斌. 社会排斥理论与中国城市住房改革制度［J］. 社会科学研究，
2002（3）.

［79］李聪，李树茁，（美）费尔德曼. 微观视角下劳动力外出务工与农
户生计可持续发展［M］. 北京：社会科学文献出版社，2014.

［80］李聪，李树茁，费尔德曼，邰秀军. 劳动力迁移对西部贫困山区农
户生计资本的影响［J］. 人口与经济，2010（6）.

［81］李聪，柳玮，冯伟林. 移民搬迁对农户生计策略的影响——基于陕

南安康地区的调查 [J]. 中国农村观察, 2013 (6).

[82] 李聪, 柳玮, 黄谦. 陕南移民搬迁背景下农户生计资本的现状与影响因素分析 [J]. 当代经济科学, 2014 (6).

[83] 李根. 从游猎到游耕：拉祜族传统生产方式的发展与演变 [J]. 广西民族学院学报 (哲学社会科学版), 2000 (3).

[84] 李华主, 国际社会保障动态：反贫困模式与管理 [M]. 上海：上海人民出版社, 2015.

[85] 李景治, 熊光清. 中国城市中农民工群体的社会排斥问题 [J]. 江苏行政学院学报, 2006 (6).

[86] 李世平, 江美丽, 孙寒冰. 失地农民贫困现状缘于中国农民权利贫困——换个角度谈征地补偿制度 [J]. 农村经济, 2006 (1).

[87] 李文, 李芸. 中国农村贫困若干问题研究 [M]. 北京：中国农业出版社, 2009.

[88] 李小云, 董强, 饶小龙, 赵丽霞. 农户脆弱性分析方法及其本土化应用 [J]. 中国农村经济, 2007 (4).

[89] 李小云, 齐顾波, 徐秀丽. 普通发展学 (第2版) [M]. 北京：社会科学文献出版社, 2012.

[90] 李晓明. 贫困代际传递理论述评 [J]. 广西青年干部学院学报, 2006 (2).

[91] 李雪萍, 王蒙. 多维贫困"行动—结构"分析框架的建构——基于可持续生计、脆弱性、社会排斥三种分析框架的融合 [J]. 江汉大学学报 (社会科学版), 2015 (3).

[92] 李玉田. 论石山区的生态反贫困 [J]. 广西民族研究, 1999 (2).

[93] 李中东. 区域经济学 [M]. 北京：经济管理出版社, 2012 (3).

[94] 厉以宁. 区域发展新思路——中国社会发展不平衡对现代化进程的影响与对策 [M]. 北京：经济日报出版社, 2000.

[95] 联合国开发计划署驻华代表处. 1997年中国人类发展报告人类发展与扶贫 [M]. 北京：联合国开发计划署, 1998.

[96] 梁昕. 1980年以来中国心理贫困问题研究综述 [J]. 学术探索, 2016 (4).

[97] 梁义成, 李树苗, 李聪. 基于多元概率单位模型的农户多样化生计策略分析 [J]. 统计与决策, 2011 (15).

[98] 梁义成, 李树苗. 中国农村可持续生计和发展研究——基于微观经

济学的视角 [M]. 北京：社会科学文献出版社，2015.

[99] 林闽钢. 中国农村贫困标准的界定 [J]. 管理现代化，1994 (2).

[100] 林耀华. 民族学通论 [M]. 北京：中央民族大学出版社，1997.

[101] 刘金明. 论赫哲族的渔业文化 [J]. 黑龙江民族丛刊，1988 (3).

[102] 刘民培. 农村土地征收程序与补偿机制研究 [M]. 北京：中国农业科学技术出版社，2011.

[103] 刘敏，社会资本与多元化贫困治理 [M]. 北京：社会科学文献出版社，2013.

[104] 刘自强，李静，董国皇，何瑞娟. 农户生计策略选择与转型动力机制研究——基于宁夏回族聚居区 451 户农户的调查数据 [J]. 世界地理研究，2017 (6).

[105] 路宪民. 社会文化变迁中的西部民族关系 [M]. 北京：民族出版社，2012 (5).

[106] 罗丞. 婚姻关系、生计策略对农村留守妇女主观幸福感的影响研究 [J]. 南方人口，2017 (1).

[107] 罗康隆. 传统生计的制度保障研究——以侗族稻作梯田建构为例 [J]. 云南社会科学，2012 (2).

[108] 罗康隆. 论民族生计方式与生存环境的关系 [J] 中央民族大学学报（哲学社会科学版），2004 (5).

[109] 罗柳宁. 生态环境变迁与文化调适：以广西矮山村壮族为例 [J]. 广西民族学院学报（哲学社会科学版），2004 (S1).

[110] 罗庆，李小建. 国外农村贫困地理研究进展 [J]. 经济地理，2014 (6).

[111] 马尔萨斯. 郭大力，译. 人口论 [M]. 北京：北京大学出版社，2008.

[112] 马海寿，陶健. 新疆天山北坡绿洲生态与回族生计方式研究 [J]. 青海民族研究，2012，23 (3).

[113] 马克思. 中共中央马克思恩格斯列宁斯大林著作编译局，译. 资本论 [M]. 北京：中国社会科学出版社，1983.

[114] 马志雄，张银银，丁士军. 失地农户生计策略多样化研究 [J]. 华南农业大学学报（社会科学版），2016 (3).

[115] 满都尔图. 狩猎经济与鄂伦春人的社会发展 [J]. 中国民族，1962 (10).

[116] 米尔顿·弗里德曼. 自由选择—个人声明 [M]. 北京：商务印书

馆，1982.

[117] 莫光辉. 农民创业与贫困治理——基于广西天等县的实证分析 [M]. 北京：社会科学文献出版社，2015.

[118] 纳克斯. 不发达国家的资本形成问题 [M]. 北京：商务印书馆，1966.

[119] 纳列什·辛格，乔纳森·吉尔曼. 让生计可持续 [J] 国际社会科学杂志（中文版），2000（4）.

[120] 欧洲共同体委员会. 欧洲社会政策之路：选择联合 [R]. 1994.

[121] 欧洲共同体委员会. 增强欧洲团结：加强反社会排斥的斗争，培育整合 [R]. 1993.

[122] 彭华民. 社会排斥与社会融合——一个欧盟社会政策的分析路径 [J]. 南开学报，2005（1）.

[123] 彭建. 贵州石漠化片区经济社会发展与旅游减贫研究 [M]. 北京：中央民族大学出版社，2014.

[124] 秦红增，唐剑玲. 定居与流动：布努瑶作物、生计与文化的共变 [J]. 思想战线，2006（5）.

[125] 秦红增，唐剑玲. 瑶族农民的生计转型调查研究——以广西大化县七百弄布努瑶为例 [J]. 广西民族学院学报（哲学社会科学版），2006（1）.

[126] 秦红增，银河欢. 乡村生计转型视野下的返乡农民工再就业——以广西石丰村为例 [J]. 云南民族大学学报（哲学社会科学版），2011（2）.

[127] 屈锡华，左齐. 贫困与反贫困——定义、度量与目标 [J]. 社会学研究，1997（3）.

[128] 饶蕊，耿达. 文化扶贫的内涵、困境与进路 [J]. 图书馆，2017（10）.

[129] 师学萍，郝文渊，何竹. 基于 SLA 分析框架的西藏农户生计资本分析——以尼洋河流域为例 [J]. 西藏大学学报（社会科学版），2016：31（2）.

[130] 石智雷，赵锋，程广帅，等. 计生政策、生育选择与农村家庭发展——基于可持续生计分析框架 [M]. 武汉：湖北人民出版社，2014.

[131] 史俊宏. 干旱风险冲击下牧户生计策略研究——基于内蒙古牧区的调研 [M]. 北京：中国经济出版社，2015.

[132] 史月兰. 《资本论》与人类的生计 [J]. 改革与战略，2013：29（11）.

[133] 世界银行. 1980 年世界发展报告 [M]. 北京：中国财政经济出版

社，1980.

[134] 世界银行.1990 年世界发展报告 [M].北京：中国财政经济出版社，1990.

[135] 世界银行.2000/2001 年世界发展报告 [M].北京：中国财政经济出版社，2001.

[136] 苏芳，徐中民，尚海洋.可持续生计分析研究综述 [J].地球科学进展，2009：24（1）.

[137] 苏芳，周亚雄.新型城镇化背景下劳动力转移对农户生计策略选择的影响分析 [J].数理统计与管理，2017：36（3）.

[138] 苏芳.可持续生计：理论、方法与应用 [M].北京：中国社会科学出版社，2015.

[139] 汤森.英国的贫困关于家庭经济来源和生活标准的调查 [M].伦敦：阿伦莱恩和培根图书公司，1979.

[140] 唐镜.素质扶贫：面向二十一世纪的扶贫新战略 [J].学习导报，2000（4）.

[141] 唐丽霞，李小云，左停.社会排斥、脆弱性和可持续生计：贫困的三种分析框架及比较 [J].贵州社会科学，2010（12）.

[142] 唐丽霞.穷人的生计资产：特征、获得和利用 [M].北京：中国农业大学出版社，2013.

[143] 唐平.中国农村贫困标准和贫困状况的初步研究 [J].北京：中国农村经济，1994.

[144] 田宇，丁建军.贫困研究的多学科差异、融合与集成创新——兼论综合贫困分析框架再建 [J].财经问题研究，2016（12）.

[145] 佟光霁，等.黑龙江省减缓农村贫困与生态环境保护 [M].哈尔滨：黑龙江人民出版社，2009.

[146] 童星，林闽钢.我国农村贫困标准线研究 [J].中国社会科学，1993.

[147] 万婷，蒲春玲，陶崇鑫.基于 SLA 分析框架的新疆南部地区农户生计资本研究 [J].农业经济，2015（6）.

[148] 汪三贵.贫困问题与经济发展政策 [M].北京：农村读物出版社，1994.

[149] 王慧军，王桂荣.中国农业技术经济学会 2013 年学术研讨会论文集：农业制度创新与技术经济问题研究 [M].北京：中国农业科学技术出版

社，2014.

[150] 王立业. 社会排斥理论研究综述 [J]. 重庆工商大学学报（社会科学版），2008（3）.

[151] 王洒洒，杨雪燕，罗丞. 价格上涨压力下农村留守妇女的生计策略：生计多样化 [J]. 中国农村观察，2014（5）.

[152] 王三秀. 国外可持续生计观念的演进、理论逻辑及其启示 [J]. 毛泽东邓小平理论研究，2010（9）.

[153] 王微. 贵州"智力扶贫"实证分析 [J]. 贵阳市委党校学报，2013（3）.

[154] 王艳萍. 克服经济学的哲学贫困——阿马蒂亚·森的经济思想研究 [J]. 北京：中国经济出版社，2006.

[155] 王越平. 乡民闲暇与日常生活：一个白马藏族村落的民族志研究 [M]. 北京：民族出版社，2011.

[156] 王云仙，赵群. 流动生计与社会变迁：云南少数民族区域调查 [M]. 北京：社会科学文献出版社，2014.

[157] 文小勇，石颖. "三农"问题的实质：社会公正与社会排斥 [J]. 唯实，2005（3）.

[158] 乌云花，苏日娜，许黎莉，杨志坚，王明利. 牧民生计资本与生计策略关系研究——以内蒙古锡林浩特市和西乌珠穆沁旗为例 [J]. 农业技术经济，2017（7）.

[159] 巫文强，黄兴豪. 人的发展经济学研究（第4辑下）[M]. 南宁：广西科学技术出版社，2014.

[160] 吴承旺. 布依族农耕文化的自然地理条件和生产方式的历史演变 [J]. 贵州民族研究，1993（4）.

[161] 吴海涛，丁士军. 贫困动态性——理论与实证 [M]. 武汉：武汉大学出版社，2013.

[162] 吴理财. "贫困"的经济学分析及其分析的贫困 [J]. 经济评论，2001.

[163] 吴鹏飞，孙先明，龚素华，刘洪斌. 耕地地力评价可持续研究发展方向探讨 [J]. 土壤，2011，43（6）.

[164] 吴晓东，陈一君，谢天慧，许海燕，李鹏举. 民族地区旅游扶贫长效机制研究：基于文化软实力建设的视角 [M]. 北京：北京理工大学出版社，2015.

[165] 吴园庭雁，杨君. 农户生计策略演变及其对农地利用的影响——基

于湖南省 291 家农户的调查 [J]. 湖南农业大学学报（社会科学版），2017（2）.

[166] 吴忠军，张瑾，项萌. 民族旅游与少数民族妇女发展 [M]. 北京：民族出版社，2012.

[167] 伍艳. 农户生计资本与生计策略的选择 [J]. 华南农业大学学报（社会科学版），2015（2）.

[168] 习明明，郭熙保. 贫困陷阱理论研究的最新进展 [J]. 经济学动态，2012（3）.

[169] 向德平，陈艾. 连结生计方式与可行能力：连片特困地区减贫路径研究——以四川省甘孜藏族自治州的两个牧区村庄为个案 [J]. 江汉论坛，2013（3）.

[170] 向德平，黄承伟. 中国反贫困发展报 2015：市场主体参与扶贫专题 [M]. 武汉：华中科技大学出版社，2015.

[171] 肖云，郭峰. 女性农民工"可持续生计"问题研究——以重庆市女性农民工为个案 [J]. 农村经济，2006（3）.

[172] 信息社会 50 人论坛. 信息经济——中国转型新思维 [M]. 上海：上海远东出版社，2015.

[173] 熊正贤. 西南民族地区农民生计方式的变迁与演进——基于乌江流域穿青人的视角 [J]. 云南民族大学学报（哲学社会科学版），2016（5）.

[174] 徐定德，张继飞，刘邵权，等. 西南典型山区农户生计资本与生计策略关系研究 [J]. 西南大学学报：自然科学版，2015（9）.

[175] 徐玮. 可持续生计分析框架下不同子女数量农户家庭生计策略的分析 [J]. 西北人口，2016（3）.

[176] 许峰. 科技特派员扶贫制度研究——以浙江台州为例 [J]. 西南农业大学学报（社会科学版），2013（5）.

[177] 杨世龙，赵文娟，徐蕊，黄晓霞. 元江干热河谷地区农户生计策略选择机制分析——以新平县为例 [J]. 干旱区资源与环境，2016（7）.

[178] 杨团. 社会政策研究范式的演化及其启示 [J]. 中国社会科学，2002（4）.

[179] 杨小凯，黄有光，张玉纲，译. 专业化与经济组织——一种新兴古典微观经济学框架 [M]. 北京：经济科学出版社，1999.

[180] 杨雪吟，罗意. 云南澜沧拉祜西人土地制度与生计变迁 [J]. 中南民族大学学报（人文社会科学版），2007（1）.

[181] 姚娟. 新疆大喀纳斯旅游区生态系统服务价值评估与消耗研究

[M]. 北京：中国农业出版社，2016.

[182] 姚云云，郑克岭. 包容性增长：我国农村反贫困的新范式 [J]. 西安财经学院学报，2012（3）.

[183] 叶普万. 贫困经济学研究 [M]. 北京：中国社会科学出版社，2003.

[184] 叶普万. 中国贫困问题研究大纲 [D]. 西安：陕西师范大学，2001.

[185] 银平均. 社会排斥视角下的中国农村贫困 [J]. 思想战线，2007（1）.

[186] 尹海洁. 城市贫困人口的经济支持网研究 [M]. 哈尔滨：哈尔滨工业大学出版社，2008（8）.

[187] 英国赠款小流域治理管理项目执行办公室. 参与式小流域管理培训教程 [M]. 北京：中国计划出版社，2008.

[188] 于洪霞，达林太. 草原生态环境政策对牧户生计影响的分析——基于阿拉善左旗的调查 [J]. 内蒙古社会科学（汉文版），2013（6）.

[189] 于喜繁，丛娟. 所有制与经济体制悖论 [M]. 北京：中央编译出版社，2009（6）.

[190] 张大维. 生计资本视角下连片特困区的现状与治理——以集中连片特困地区武陵山区为对象 [J]. 华中师范大学学报（人文社会科学版），2011（4）.

[191] 张锦华，吴方卫. 中国农村教育平等问题研究 [M]. 上海：上海财经大学出版社，2008.

[192] 张宁. 克木人的刀耕火种与热带雨林 [J]. 云南民族学院学报（哲学社会科学版），2003（2）.

[193] 张萍，杨振，郭红娇，梁曼，杨芳. 林区农户生计策略的资本敏感性研究 [J]. 资源开发与市场，2014（7）.

[194] 张胜冰. 环境伦理观念对少数民族传统生活方式的影响 [J]. 中南民族大学学报（人文社会科学版），2005（2）.

[195] 张岩松. 发展与中国农村反贫困 [M]. 北京：中国财政经济出版社，2004.

[196] 张有隽. 吃了一山过一山：过山瑶的游耕策略 [J]. 广西民族学院学报（哲学社会科学版），2003（2）.

[197] 张玉钧，石玲. 生态旅游、生态、体验与可持续 [M]. 北京：中

国旅游出版社，2014.

[198] 赵昌文，鲍曙明，等. 中国西部大开发十年评估 [M]. 北京：中国发展出版社，2013.

[199] 赵春雨. 贫困地区土地流转与扶贫中集体经济组织发展——山西省余化乡扶贫实践探索 [J]. 农业经济问题，2017（8）.

[200] 赵冬缓，兰徐民. 我国测贫指标体系及其量化研究 [J]. 中国农村经济，1994（3）.

[201] 赵俊臣. 生态环境改善工程：西部大开发的根本和切入点 [J]. 云南社会科学，2000（2）.

[202] 赵立娟. 参与和未参与灌溉管理改革农户生计资本的对比分析——基于内蒙古灌区农户的调研 [J] 中国农业大学学报，2014（1）.

[203] 赵学增. 和谐社会中贫困与非制度因素的关系 [J]. 贵州财经学院学报，2006（3）.

[204] 郑玲. 贫困县域经济发展研究 [M]. 昆明：云南科技出版社，2006.

[205] 郑勇. 公共政策冲击下的西部农户生计研究——以宁夏为例 [M]. 北京：光明日报出版社，2016.

[206] 智雷，赵锋，程广帅. 计生政策、生育选择与农村家庭发展——基于可持续生计分析框架 [M]. 武汉：湖北人民出版社，2014.

[207] 中国工业节能与清洁生产协会，中国节能环保集团公司.2015 中国节能减排发展报告——关键的"十三五"[M]. 北京：中国经济出版社，2015.

[208] 中国国家统计局农调总队. 中国农村统计年鉴 [M]. 北京：中国统计出版社，1993.

[209] 中国农村贫困标准课题组. 中国农村贫困标准研究报告 [J]. 统计研究，1990.

[210] 钟方雷，徐中民. 生态经济学的研究进展：实践篇 [M]. 郑州：黄河水利出版社，2013.

[211] 周彬彬. 向贫困挑战—国外缓解贫困的理论与实践 [M]. 北京：人民出版社，1991.

[212] 周林刚. 论社会排斥 [J]. 社会，2004（3）.

[213] 周政华，盘剑波. 略论瑶族的游耕 [J]. 中南民族学院学报（社会科学版），1986（3）.

[214] 朱海平. 可持续生计框架下关于农村社会救助的思考 [J]. 前沿，2013（16）.

［215］朱建军，胡继连，安康，等. 农地转出户的生计策略选择研究——基于中国家庭追踪调查（CFPS）数据［J］. 农业经济问题，2016（2）.

［216］朱再昱. 集体林权流转民意反应与制度构建——以江西为例［M］. 北京：中国农业出版社，2014（3）.

［217］左常升，黄承伟，何晓军，王小林. 世界各国减贫概要（第1辑）［M］. 北京：社会科学文献出版社，2013.

［218］左停，王智杰. 穷人生计策略变迁理论及其对转型期中国反贫困之启示［J］. 贵州社会科学，2011（9）.

［219］Albert O, Hirschman. The Strategy of Economic Development［M］. Yale University Press, 1958.

［220］Anthony Bebbington. Capitals and Capabilities: A Framework for Analyzing Peasant Viability, Rural Livelihoods and Poverty［J］. World Development, 1999（12）.

［221］Calvo C. Vulnerability to Multidimensional Poverty: Peru, 1998 – 2002［J］. World Development, 2008（6）.

［222］Chambers R, Conway G. Sustainable Rural Livelihoods: Practical Concepts for the 21st Century［M］. Brighton: Institute of Development Studies, 1992.

［223］Chaudhuri S, Jalan J, Suryahadi A. Assessing Household Vulnerability to Poverty: A Methodology and Estimates for Indonesia［J］. Discussion Papers, 2002.

［224］Christiaensen L, Subbarao K. Towards an Understanding of Vulnerability in Rural Kenya［J］. World Bank, Washington, DC Photocopy, 2001.

［225］Daniel P, Moynihan. Maximum Feasible Misunderstanding; Community Action in the War on Poverty［M］. 1969.

［226］Dercon S. Assessing Vulnerability to Poverty, Jesus College and CSAE, Department of Economics［M］. Oxford: Oxford University, 2001.

［227］Dercon S. Vulnerability to Poverty: A Framework for Policy Analysis［R］. CPRC Working Paper, 2007.

［228］Dercon. Consumption, Vulnerability and Shocks in Rural Ethiopia［J］. Ethiopian Journal of Economics, 2006（15）.

［229］DFID. Sustainable Livelihoods Guidance Sheets［J］. London: Department for International Development, 1999.

［230］Ellis F, Freeman H A. Rural Livelihoods and Poverty Reduction Strategies in Four African Countries ［J］. Journal of Development Studies, 2004, 40 (4).

［231］Ellis. F. Rural Livelihoods and Diversity in Development Countries ［M］. New York: Oxford University Press, 2000.

［232］Emmanuel, Arghiri. Unequal Exchange ［M］. Monthly Review Press, 1972.

［233］Farrington J, Carney D, Ashley C, et al. Sustainable Livelihoods in Practice: Early Applications of Concepts in Rural Areas ［M］. London: ODI, 1999.

［234］Kühl J J. Disaggregating Household Vulnerability – Analyzing Fluctuations in Consumption Using a Simulation Approach ［J］. Manuscript, Institute of Economics, University of Copenhagen, Denmark, 2003.

［235］Kurosaki T. Consumption Vulnerability to Risk in Rural Pakistan ［J］. The Journal of Development Studies, 2006 (1).

［236］Leibenstein H. Economic Backwardness and Economic Growth: Studies in the Theory of Economic Development ［M］. New York: John Wiley & Sons, 1957.

［237］Ligon, Schechter et al. Evaluating Different Approaches to Estimating Vulnerability ［R］. Social Protection Discussion Paper of the World Bank, 2004 (6).

［238］Mansuri G, Healy A. Vulnerability Prediction in Rural Pakistan ［R］. IFPRI – World Bank Conference on Risk and Vulnerability: Estimation and Policy Implications, Washington, 2002.

［239］Moser C . The Asset Vulnerability Framework: Reassessing Urban Poverty Reduction Strategies ［J］. World Development, 1998, 26 (1).

［240］Murdock. Social Structure ［M］. New York: The Free Press, 1965.

［241］Myrdal, Gunnar. Economic Theory and Under – Developed Regions ［M］. London: Duckworth, 1957.

［242］Paul A. Baran, Paul M. Sweezy. Monopoly Capital: An Essay on the American Economic and Social Order ［M］. Monthly Review Press, 1966.

［243］Pritchett L, Suryahadi A, Sumarto S. Quantifying Vulnerability to Poverty: A Proposed Measure, Applied to Indonesia ［M］. World Bank Publications, 2000.

[244] Prowse M. Towards a Clearer Understanding of "Vulnerability" in Relation to Chronic Poverty [J]. CPRC Working Paper, 2003 (24).

[245] Ragnar Nurkse. Problems of Capital Formation in Underdeveloped Countries [M]. Oxford & IBH Publishing Co, 1966.

[246] Richard R. Nelson. A Theory of the Low – Level Equilibrium Trap in Underdeveloped Economies [J]. The American Economic Review, 1956 (5).

[247] Rosenstein – Rodan P N. Problems of Industrialisation of Eastern and South – Eastern Europe [J]. The Economic Journal, 1943.

[248] Scoones I . Sustainable Rural Livelihoods: A Framework for Analysis [J]. Subsidy or Self, 1998.

[249] Sen, A. K. The Standard of Lining, the Tanner Lectures [J]. Cambridge: Cambridge University Press, 1987.

[250] Sen. Capability and Well – Being [M] Oxford: Clarendon Press, 1993.

[251] Sharp, K. Measuring Destitution: Integrating Qualitative and Quantitative Approaches in the Analysis of Survey Data [R]. Institute of Development Studies, 2003.

[252] White H. The Measurement of Poverty [J]. The Companion to Development Studies, 2014.

[253] Lewis W A. Economic Development with Unlimited Supplies of Labour [J]. The Manchester School, 1954 (2).

后　　记

　　本书是在我的博士论文基础上修改而成。本书能顺利出版，离不开师长、朋友和家人的支持、鼓励和教诲。衷心感谢我的博士导师冷志明教授，冷老师有着渊博的学识和独特的人格魅力，不仅在人生的目标和知识的探求方面给我指明了方向，而且在日常的学习和生活上都给予我非常多的指导和帮助。在博士论文的撰写过程中，从论文的选题、论文提纲的拟定，到论文的修改和完善，再到论文的最后定稿，每一个环节和步骤冷老师都给了我非常耐心、细致的指导。当论文撰写遇到瓶颈时，冷老师会帮我分析问题的所在，给予我很多切实可行的建议，并始终给我以鼓励，使我能克服这些困难。在生活上，冷老师非常注重给予学生人文关怀，指导我化解生活中的实际困难，为我营造良好的学习氛围。

　　衷心感谢丁建军教授，在博士论文的撰写过程中，丁老师给我很多建议。同时，与丁老师就相关学术问题进行了很多探讨，丁老师的见解带给我很多的启发和帮助。同时，丁老师多次带领我深入连片特困区进行各项扶贫调研实践，让我全面了解各连片特困区典型贫困村的贫困现状，增长了我的见识，也为我的学习和科研提供了有益的素材。

　　衷心感谢彭耿教授，彭老师是我硕士阶段的导师，正是由于他在硕士期间对我悉心的培养和一直以来的指导，让我有了一定的学习和科研基础，为我博士期间的学习以及博士论文的撰写打下了扎实的基础。

　　衷心感谢吉首大学历史与文化学院的各位老师们，感谢罗康隆教授，在论文的修改和完善过程中多次提出论文中存在的问题，并给我提供很多参考资料。感谢杨庭硕研究员、游俊教授、龙先琼教授、瞿州莲教授、暨爱民教授、刘世彪教授在论文的撰写和答辩过程中提出的中肯建议，让我受益匪浅。衷心感谢盲审专家和答辩专家所给的宝贵意见。

　　衷心感谢吉首大学商学院的老师和同事们，感谢张生强副教授、黎克双副教授、钟高峰教授、李政忙副教授、龙海军教授、胡锦湘老师、王泳兴老师、王振颐老师、张琰飞教授、张寒阳副教授、邵佳老师、唐琪老师、陈洁老师、向裕婧老师等，感谢你们在工作和生活中给予我的帮助和关照。

衷心感谢吉首大学的朱福军副教授、胡罡老师和吴鸿俊老师，他们在我调研期间给我很多帮助和建议，并提供很多第一手的背景资料。感谢吴恒忠副教授将其收集、编撰的资料供我学习和参考。

衷心感谢我的家人、我的父母，是他们的坚持和倔强，让我这个普普通通的农村孩子能有机会一直读书到现在。他们总会帮我挡去生活中的很多琐事，使我能在一个安逸的环境中做好自己的事。我的父亲是一名中越边境自卫反击战的退伍老兵，他的经历和面对生活的坚毅给了我很多的力量和战胜生活困难的信心。我的母亲是一位平凡的而又伟大的农村妇女，她总是默默地承担很多事情，对我、对这个家庭，她付出了很多。感谢我的姐姐，在我求学的过程中，在学习和生活上，她都给予我无微不至的关爱。感谢我的姐夫和小外甥、小外甥女，他们给这个大家庭增添了更多的爱、快乐和欢笑。感谢我的妻子，她的付出和鼓励，为本书的出版提供了重要的保障。

人生，好像就是在跑一场看似没有终点的马拉松，你需要不停地向前跑，而沿途你会遇到很多人，有人会给你递上一瓶水，有人会给你递上一条毛巾，有人会搬条凳子让你休息一会，有人会远远关注、默默支持，在你需要的时候随时伸出援手，我的人生正是这样。再次感谢所有给过我帮助的人，或许有些在此未提及名字，但你们对我的好，我铭记于心，感谢有你们出现在我的生命中。

殷 强

2022 年 6 月